TRAGEDIA DE LA
JUSTICIA

TRAGEDIA DE LA JUSTICIA

ENTRE LA LEY Y EL PODER

Gustavo De la Rosa Hickerson

Los textos contienen faltas de ortografía intencionales para que los alumnos las corrijan al leerlas y provocan una reflexión en ellos.

Para realizar pedidos de este libro, contacte con:
Palibrio LLC
1663 Liberty Drive
Suite 200
Bloomington, IN 47403
Gratis desde EE. UU. al 877.407.5847
Gratis desde México al 01.800.288.2243
Gratis desde España al 900.866.949
Desde otro país al +1.812.671.9757
Fax: 01.812.355.1576
ventas@palibrio.com
509266

ÍNDICE

TRAGEDIA DE LA JUSTICIA ENTRE LA LEY Y EL PODER

Sócrates,
Sófocles, Aristóteles,
Maquiavelo, Rousseau,
Marx y Engels

ANTOLOGÍA

Gustavo de la Rosa Hickerson

Apología,
Antígona, La Política,
El Príncipe El Discurso, El Manifiesto

UACJ.Jz.Mx
Adaptaciones y Selecciones
con fines estrictamente didácticos para
Seminario de Cultura Jurídica

ANTOLOGÍA

Adaptaciones y Selecciones
Gustavo de la Rosa Hickerson

La lectura dramatizada como estrategia de aprendizaje

Socrates	Apologia
Sofocles	Antigona
Aristoteles	La Politica
Maquiavelo	El Principe
Rousseau	El Discurso
Marx y Engels	El Manifiesto

UACJ
Cd. Juarez, Chih:
Seminario de Cultura Juridica

PRESENTACIÓN

En noviembre de 2007, Laura y yo presentamos la impresión artesanal de una primera reflexión sobre la lectura y la adaptación de Antígona de Sófocles. Se hizo un tiraje de 100 ejemplares y prácticamente para 2014 se han agotado más de 500 ejemplares.

Ahora presento la continuación de tales reflexiones, en la vertiente de aplicar la Cultura Industrial al trabajo académico, una técnica concreta para la lectura integral de textos, y su propuesta para su aplicación en el curso de seminario de cultura Jurídica.

Explico la aplicación que hago de las propuestas anteriores, para que los alumnos diseñen una adecuada estrategia de aprendizaje basada en la lectura, tomando como referencia los textos que abordamos en la conducción del curso

En este trabajo estoy presentando una adaptación de las seis lecturas básicas para ese curso.

La Apología de Sócrates por Platón, Antígona de Sófocles. Una selección de textos de La Política de Aristóteles, El Príncipe de Maquiavelo, El Manifiesto Comunista de Marx y Engels y el Discurso sobre la Desigualdad de los Hombres de Rousseau. (Estoy revisando un texto de Santo Tomás sobre el derecho natural y un documento de Kant sobre la moral y el derecho.)

Edición de 2007

SOBRE LA EDICIÓN ARTESANAL

La producción editorial para los modestos autores, se convierte frecuentemente en una barrera infranqueable para ver divulgadas en papel sus tareas.

Sin embargo el adelanto de los recursos tecnológicos puede facilitar esta tarea y desarrollar ediciones artesanales de bajo tiraje que pongan en las librerías textos que enfrenten la prueba del comprador, si se logra superar este duro trance, mejoran las posibilidades de que las editoriales de mayor prestigio patrocinen posteriores ediciones.

Con esta finalidad me propongo sostener esta modesta tarea editorial artesanal, que nombro *"Emmy"* en honor a dos grandes mujeres: Mi madre y mi nieta. Si, me comporto como los tenderos de mi pueblo, que queriendo trascender identifican a sus tiendas, con el nombre de sus hijas mayores: "Virginia" "Itzel" "Lupita" Etc., Tal vez siempre los envidie y hoy me siento que los he igualado. Confieso que pensé bautizarle como *"el sesteo de las águilas"* pero no me atreví

Dominado por le visión familia, se inaugura con la publicación de un trabajo de mi esposa y uno mío que se han articulado en nuestra relación domestica-académica ya que de los 35 años casados, hemos sido profesores de educación media y superior por más de 20 años y actualmente trabajamos en la Universidad Autónoma de Ciudad Juárez. Por eso la colección se llama *Lecturas Académicas*, el trabajo de Laura explica porqué

Laura Carrillo es actualmente una estudiosa muy seria y sistemática del proceso de aprendizaje, y yo durante los últimos 10 años, he venido sosteniendo en la Carrera de Derecho una constante búsqueda de estrategias de aprendizaje que permitan mejorar las opciones educativas de los alumnos.

Estos Son nuestros últimos esfuerzos y procedo a publicarlos compartiendo los resultados con los lectores que se acerquen a ellos.

Gustavo de la Rosa Hickerson
San Agustín D.B. Noviembre de 2007

EL LENGUAJE COMO FACTOR ESENCIAL EN LA CONSECUCIÓN DEL APRENDIZAJE SIGNIFICATIVO

Laura Carrillo Moreno

Como docente, durante más de veinte años, he estado en contacto con una amplia gama de tipos estudiantiles. He conocido a los estudiantes de "tiempo completo", cuya única ocupación son los libros y la seguridad de que están en el camino que les llevará a su meta. Éstos son los menos. La mayoría son estudiantes que navegan en aguas borrascosas, con sacudidas frecuentes en sus vidas personales y en sus desempeños académicos, que lo mismo pueden hacerlos cambiar de carrera, saltando desde la ingeniería hasta la enfermería, que abandonar los estudios universitarios, o bien, como sucede con muchos, mantenerse en el programa académico al que le han dedicado dos o más semestres, y, por la vía del menor esfuerzo, aspirar a terminar la carrera.

Si analizáramos a esta gran cantidad de estudiantes, podríamos reconocer una multiplicidad de factores que juegan un papel importante en el aprendizaje deficiente. Probablemente no todos sean de la responsabilidad exclusiva del estudiante. En algunos puede haber corresponsabilidad del docente y de los expertos en cuyas obras el docente se apoya para integrar la bibliografía que recomienda en sus cursos. El factor al que me quiero referir específicamente es al de la dificultad para conectar el discurso (el lenguaje) del docente con las estructuras cognitivas del discente. Y cuando hablo del lenguaje magistral, me refiero también al lenguaje escrito, el de los textos académicos, desde los cuales nace.

Esta desconexión entre docente y discente tiene como signos patognomónicos tres supuestos que, dichos llanamente, es decir, en un lenguaje cotidiano, son los siguientes: los estudiantes no saben leer, no les gusta leer, no quieren leer. A intentar hilvanar una explicación y una posible solución a este problema, es a lo que dedicaremos las siguientes páginas.

En *El paradigma perdido. Ensayo de bioantropología,*[1] Edgar Morin sitúa el nacimiento del lenguaje en el seno de la paleosociedad, entre 800 000 y 500 000 años antes de nuestra era. La cacería en colectivo y la necesidad de distribuir los alimentos en una organización social más compleja, hicieron indispensable una comunicación más flexible, capaz de realizarse aún sin tener al alcance de la vista al interlocutor. Otro factor detonante fue la reestructuración de la caja craneana, lo que contribuyó a desarrollar el cerebro y a adecuar un centro del lenguaje.

El lenguaje nace con una función social, establecer macrocomunicaciones. Pero también es muy probable que el *Homo erectus* sintiera la necesidad de la intercomunicación, del hablar por hablar entre los individuos, con el objetivo de desarrollar las relaciones interpersonales de amistad y de interés.[2] Y en este intercambio de paleolenguaje, seguramente se estableció también un intercambio de conocimiento. Por eso Morin concluye con una recursividad muy característica: el lenguaje que hace al ser humano y el ser humano que hace al lenguaje.

Sin embargo, el lenguaje que es capaz de relacionar a centenares de individuos, enlazándolos en una identidad social, también permite establecer una diferenciación entre distintos grupos. Por consiguiente, el lenguaje une pero también separa. Ésta es una condición presente en todos los niveles de la sociedad y la escuela y su comunidad académica no son la excepción.

Para retomar el tema del lenguaje en el aprendizaje, la palabra de Marco Antonio Moreira en el artículo *Lenguaje* y *aprendizaje*

---

[1]   Edgar Morin, *El paradigma perdido. Ensayo de bioantropología.* (faltan datos), 1996, p.

[2]   *Ibid.,* p.

significativo, nos permite refrendar el objetivo de este trabajo, ya enunciado en el título. Dice Moreira que "el conocimiento es lenguaje; la llave de la comprensión de un conocimiento, de un contenido o incluso de una disciplina, es conocer su lenguaje [...] no hay manera de dejar de mencionar el papel crucial del lenguaje en la conceptualización, en la formación de conceptos, en el aprendizaje significativo de conceptos". [3]

Esta postura en relación con el lenguaje y su importancia en el aprendizaje tiene fuertes antecedentes en las propuestas de Vigotsky, estudioso de la filosofía, de la lingüística y de la psicología. En *Pensamiento y lenguaje*, el autor plantea que: "La transmisión racional, intencional, de la experiencia y el pensamiento a los demás requiere un sistema mediatizador, y el prototipo de éste es el lenguaje humano nacido de la necesidad de intercomunicación durante el trabajo".[4] El papel del lenguaje es a un mismo tiempo el de la comunicación y el de la enseñanza. El lenguaje es la herramienta del aprendizaje.

Continuando con Vigotsky, él cita a "Tolstoi [quien] dice en sus escritos sobre educación que, a menudo, los niños tienen dificultad para aprender una nueva palabra, no a causa de su pronunciación, sino del concepto al cual se refieren. Cuando el concepto ha madurado, casi siempre hay una palabra disponible".[5]

La situación en nuestras aulas puede explicarse a través de los autores citados. El por qué de la desconexión entre el lenguaje del maestro y la comprensión del estudiante cae dentro de la explicación antropológica aportada por Morin: existen grupos diferenciados por el lenguaje. El grupo de la academia y el grupo de los estudiantes. Este último llega a la universidad desde un espacio donde se utiliza un lenguaje cotidiano, una lectura y una escritura propias de un nivel escolar preuniversitario. El lenguaje de la academia es tan variado como especialidades o materias

---

[3]   Marco Antonio Moreira, "Lenguaje y aprendizaje significativo" en 2003.
[4]   Lev S. Vigotsky, *Pensamiento y lenguaje*. Ediciones Quinto Sol, México, 2006. p.
[5]   Tolstoi, citado por Vigotsky, *Op. cit.*, p.

tengamos en mente. Y cada una tiene su propia lectura y escritura. Éste es el caso del lenguaje como factor de desconexión o de separación.

Vigotsky, Tolstoi y Moreira coinciden en situar al lenguaje como la herramienta indispensable del aprendizaje. En especial del aprendizaje significativo. Este concepto reviste tal importancia que es necesario abordarlo con mayor detalle. Aunque parezca increíble, por los muchos años de distancia, desde la cita de Tolstoi, a través de Vigotsky, es posible empezar a conceptualizarlo.

La teoría sobre el aprendizaje significativo fue gestada en la segunda mitad del siglo XX por tres psicólogos educativos, quienes decidieron indagar cómo se logran los aprendizajes perdurables. David P. Ausubel, Joseph D. Novak y Helen Hanesian concibieron al aprendizaje de manera muy distinta a como se había definido hasta ese momento. Bajo la denominación de aprendizaje significativo lo definieron

> Como aquel en el que los conceptos se encuentran jerárquicamente organizados en la estructura cognitiva de un sujeto y advierte que, si los conceptos vertidos en clase no hallan vinculación con conceptos inclusores existentes en la estructura cognitiva de los alumnos -porque no existen o están subsumidos-, el aprendizaje que se producirá será de tipo memorístico.[6]

Este último, el aprendizaje memorístico, no se ancla debidamente a la estructura cognitiva porque se distribuye arbitrariamente, sin relacionarse con los conceptos ahí existentes.

Cabe entonces la posibilidad de que los estudiantes "no quieran leer" porque en su estructura cognitiva no existen conceptos inclusores que se vinculen a los nuevos conceptos, al nuevo lenguaje académico. No les gusta leer porque una lectura incomprensible no le gusta a nadie. Y si no saben leer, es la mejor

---

[6]   David P. Ausubel, Joseph D. Novak y Helen Hanesian, (faltan datos), 1982, p.

evidencia de que el docente de cualquier nivel y de cualquier especialidad, debe enseñarles a leer y, por consecuencia, a escribir. Debe continuarse la alfabetización académica cada vez que el estudiante acceda a un campo nuevo del saber.

El concepto de alfabetización académica es el equivalente en español al concepto anglosajón *writing across the currículum*. En el mundo de habla inglesa, la Universidad de Cornell, en Estados Unidos, ha sido pionera en establecer el programa "Escribir en todas las asignaturas".[7] Sin embargo, este antecedente no significa que esta propuesta sea una idea exótica en nuestro mundo latinoamericano. Paulo Freire, pedagogo brasileño, ha escrito insistentemente acerca de la importancia de leer, con una lectura que vaya más allá de la superficie de las palabras, que no sea un "fastidioso deletreo" y que, más bien, se constituya en "la percepción crítica de los textos que son leídos".[8] Además, Freire es muy claro al afirmar que es imposible dicotomizar el acto de leer y escribir, por lo cual la denominación alfabetización académica es, desde mi punto de vista, mucho más precisa que la anglosajona.

Para Paulo Freire, el aprendizaje no se concibe como memorización mecánica. Él habla de una lectura dinámica y viva: "Los alumnos no tenían que memorizar mecánicamente la descripción del objeto, sino aprender su significación profunda".[9] También se opone al enciclopedismo:

> Creo que mucho de nuestra insistencia, en cuanto profesores y profesoras, en que los estudiantes "lean", en un semestre, un sinnúmero de capítulos de libros, reside en la comprensión errónea que a veces tenemos del acto de leer... La insistencia en la cantidad de lecturas sin el adentramiento debido en los textos a ser comprendidos y no mecánicamente memorizados, revela una visión

---

[7] Paula Carlino, *Escribir, leer y aprender en la universidad. Una introducción a la alfabetización académica*. Fondo de Cultura Económica, Argentina, 2006, p.

[8] Paulo Freire, *La importancia de leer y el proceso de liberación*. Siglo XXI editores, México, 2006, p.

[9] *Ibid.*, p.

mágica de la palabra escrita. Visión que es urgente superar.[10]

Esta postura coincide con la de la alfabetización académica. El aprendizaje significativo sólo se produce cuando el estudiante toma una parte activa frente a sus asignaturas y lee y escribe, reelaborando lo leído. Ésta es la mejor solución para acabar con el desinterés, la pasividad y el aprendizaje superficial.[11]

La meta de la alfabetización académica es formar lectores heterorregulados, a quienes el docente les propone lecturas, les guía a través de ellas, les muestra el cómo de la escritura y les retroalimenta una vez que ellos mismos han reescrito su conocimiento, llevando en esta acción un estímulo al análisis crítico sobre el propio saber.[12] Este crecimiento en la lectura y escritura llevará fácilmente al lector de la hetero a la autorregulación.

La alfabetización académica propone también un giro completo en cuanto al papel de la evaluación. Citada por Paula Carlino, Carol Hogan lo sintetiza así: una buena evaluación debe ser válida, explícita y educativa. Válida, en tanto evalúa lo que se compromete a enseñar. Explícita, porque comparte de entrada, con quienes serán evaluados, los criterios para el logro exitoso... En tercer lugar, una evaluación es educativa si promueve el aprendizaje, no sólo por la información que el profesor brinda al final del proceso sino durante éste.[13]

La conclusión es que la alfabetización académica aglutina visiones educativas que se han ido gestando a lo largo de muchos años, de muchas experiencias, en diferentes países, bajo distintas ideologías. El eje articulador de todas ellas ha sido el interés por entender los mecanismos del aprendizaje y la manera de facilitarlo e incrementarlo. Para cerrar este escrito,

---

[10]   *Ibid.*, p.
[11]   Paula Carlino, *Op. cit.,* p.
[12]   *Idem.*
[13]   Citada por Paula Carlino, *Op. cit.,* p.

importa mucho reconocer que las aportaciones de cada uno de los autores citados (y de muchos otros) permitió el surgimiento de esta estrategia educativa denominada alfabetización académica. Sus propuestas caben dentro de los siete principios que, desde el año de 1989, elaboró en París, una comisión de reflexión, integrada por reconocidos intelectuales franceses, encabezados por Pierre Bourdieu y Francois Gros. En los cuales se invita a disminuir las dificultades en los programas de estudio, elevando la calidad, remplazando el aprendizaje pasivo por la lectura activa; privilegiando las enseñanzas que ofrezcan modos de pensar, con validez y aplicabilidad general; programas de estudio, coherentes y complementarios; evitar el enciclopedismo, no se pueden enseñar todas las especialidades ni la totalidad de cada especialidad. Desconfiar de los exámenes difíciles y aleatorios, elaborar un examen que lleve hacia lo esencial. Por último, en el seno de las instituciones educativas, buscar reducir las desigualdades ligadas a la herencia cultura.

Bibliografía

Ausubel, David P., Joseph D. Novak y Helen Hanesian, (falta ficha), 1982.

Bourdieu, Pierre, *Capital cultural, escuela y espacio social.* Siglo veintiuno editores. Argentina, Año.

Carlino, Paula, *Escribir, leer y aprender en la universidad. Una introducción a la alfabetización académica.* Fondo de Cultura Económica, Argentina, 2006.

De Zubiría Zamper, Miguel, *Enfoques pedagógicos y didácticas contemporáneas.* FIPC, Colombia, 2004.

Freire, Paulo, *La importancia de leer y el proceso de liberación.* Siglo XXI editores, México, 2006.

Galagovsky, Lydia R., "La distancia entre aprender palabras y aprehender conceptos. El entramado de palabras-concepto (EPC) como un nuevo instrumento para la investigación." en *Enseñanza de las ciencias*. Número 20, 2002, p. 31.

Moreira, Marco Antonio "Lenguaje y aprendizaje significativo" en 2003.

Morin, Edgar, Edgar Morin, *El paradigma perdido. Ensayo de bioantropología.*, 1996, p.

Vigotsky, Lev S., *Pensamiento y lenguaje*. Ediciones Quinto Sol, México, 2006.

LA CULTURA INDUSTRIAL Y LA ACADÉMIA

En un plano contextual subrayamos un aspecto de la cultura que ha caracterizado a Ciudad Juárez y que debemos reclamar como parte de las fortalezas de la región.

Aquí miles de personas se presentan puntualmente a su puesto de trabajo, a las 6:00 de la mañana. Trabajan eficazmente durante su jornada, alcanzando la cantidad e intensidad requerida por la labor, lo hacen bajo supervisión y el producto es sometido a rigurosos procesos de control de calidad.

Proponemos que el alumno en el desarrollo de sus estrategias de aprendizaje sea influenciado por este esquema de trabajo.

Puntualidad

Aplicación

Cumplimiento oportuno

Supervisión

Control de calidad.

APLICACIÓN DEL PROCESO
INDUSTRIAL AL APRENDIZAJE

En este punto pudiéramos tener contradicciones serias con algunos constructivistas, y no lo evitamos.

Considero que esta es una propuesta constructivista y critica. Y pareciera confrontarse con las ideas básicas del mismo que se fundamentan en la construcción del conocimiento por parte del alumno a partir de su entorno, sus posibilidades y habilidades,

Y el método que propongo reflejado en la producción industrial, suena como demasiado masificador y al parecer no contempla las particularidades individuales.

Yo sostengo que por el contrario para que los alumnos diseñen estrategias propias de aprendizaje, deben convencerse de que hay presupuestos inevitables, ineludibles que son básicos en sus estrategias. Y uno de ellos es la lectura, para la cual deben diseñar también una estrategia..

Creo que una de las debilidades del sistema de educación universitario en México, consiste en esta ausencia y todavía lo encontramos muy artesanal.

Para pasar a una etapa de mayor aprovechamiento de el esfuerzo para el aprendizaje sugiero los siguientes pasos.

PRIMERO.
Presentarse puntualmente al lugar de trabajo o estudio.

Como en la industria el presupuesto de todo proceso de producción o de aprendizaje científico y académico, consiste en que se debe agendar el tiempo específico y de calidad exclusivamente para Trabajar, estudiar o aprender,

Que cada quien diseñe una estrategia para aprender, no quiere decir que pueda decidir entre estudiar o no. Y para estudiar necesita tiempo diario dedicado - -"ad hoc. con un horario de inicio y termino.

También se necesita que el lugar de la lectura sea el adecuado.

El lugar donde se va a leer debe ser adecuado, climatizado, con suficiente y buena luz, puede acondicionarse con música, con aromas. Con café, refrescos o te, un buen diccionario, servicio de Internet proyectado, con acceso a literatura especializada, y con accesorios que faciliten al alumno una buena sesión de lectura.

SEGUNDO
El tiempo de estudio se usa para estudiar.

La otra enseñanza del trabajo industrial es que se trabaja durante la Jornada laboral,.

La mayoría de los alumnos dedican como tiempo intencionado de estudio, exclusivamente el tiempo que están en el salón de clase, y el tiempo que requieren para prepararse a presentar sus exámenes.

Siento que es un desperdicio de la vida, gastar tiempo sin dedicación ni concentración, y sin la entrega y el entusiasmo que exige la aventura del aprender.

Por eso la base de la propuesta consiste en adecuar las estrategias para que los alumnos estudien básicamente durante el tiempo que están en el salón de clase o tareas específicas de biblioteca, y que ahí sea el tiempo y lugar donde se desarrollen las oportunidades de aprendizaje académico del alumno. Dejando el tiempo libre para ellos.

Otra vez la realidad universitaria.

Las clases están programadas para dos horas de duración. Hay un margen de entrada de 10 a 15 minutos y 5 a 10 minutos para empezar o terminar la clase, por lo que finalmente se dedican a tiempo efectivamente trabajado de una hora 15 minutos a una hora 30 minutos. Y durante este tiempo debemos descontar tiempos perdidos en bromas, motivación, preparación para la exposición de alumnos, repaso de la clase anterior, aclaración de conceptos. Entonces ¿cuánto tiempo queda disponible para acercarse a los nuevos conocimientos, habilidades o valores? Normalmente son exposiciones verbales de los alumnos o del maestro. Técnica muy discutible en cuanto al grado de asimilación por parte de los alumnos.En un análisis meramente cuantitativo diríamos que en la universidad se dedica a trabajar académicamente entre el 33 y el 50 por ciento del tiempo programado.

En la Industria una vez terminada la Jornada de trabajo el obrero es dueño absoluto de su tiempo.

En la enseñanza universitaria se da un efecto diverso, se encargan tareas y lecturas a los alumnos, para que las realicen en su tiempo libre, y bajo sus propias reglas pero ese tiempo lo dedican como es justo y normal en la juventud, a socializar, cortejar, recrearse en sus sueños y cargan sus conciencias porque tienen un trabajo pendiente que siempre se pospone y que al final dificulta tanto el aprendizaje extra clase como la convivencia con su gente.

Estudiar fundamentalmente en la sesión de trabajo, pudiera significar aumentar el tiempo que el alumno permanezca en el salón de clase o biblioteca, pero se compensa porque el tiempo que va a estar fuera va ser suyo.

TERCERO:
-Cada jornada se maneja una cantidad adecuada de conocimientos.

En la industria los trabajadores deben alcanzar un mínimo de cantidad producida y se deben cumplir los planes de producción en la medida que estos sean debidamente elaborados.

Obviamente que la responsabilidad del maestro y del grupo de alumnos, es vital en la planeación de las cantidades de conocimientos abordados por sesión, y esto debe ser un trabajo conjunto y considerar la dificultad del material la especialidad de la terminología, las habilidades de los alumnos promedio.

Siempre vamos a encontrar un grupo de alumnos con mucha habilidad, la mayoría con habilidades y defectos comunes y un grupo pequeño con mayores deficiencias.

Por las diferencias de capacidades entre los alumnos, habrá algunos que requieran dedicar tiempo libre a mejorar la calidad de sus estudios y diseñar una estrategia de aprendizaje que incluya la dedicación del tiempo en el salón de clase más tiempo libre, pero debemos intentar que sean los menos.

Debemos facilitar que los alumnos diseñen y ejecuten sus aprendizaje durante el tiempo ad hoc para ello 2 horas menos 15 minutos de receso.

Eso les permite Leer durante el tiempo de estudio y libertinar durante el tiempo libre.

CUARTO.
- El aprendizaje se desarrolla bajo supervisión.

Ahora bien durante el tiempo de trabajo, La supervisión es indispensable, ese es el Quid de la producción Industrial, y hace la diferencia con ciertas formas de producción artesanal.

En los hábitos de aprendizaje, a veces nos parece encontrar procesos artesanales y obsoletos, por eso la supervisión y el apoyo del maestro en la sesión, puede significar el paso a la modernidad en la educación universitaria. Sobre todo en los primeros cuatro semestres de la carrera.

Cuando abordan un texto Universitario, los alumnos desconocen una gran cantidad de palabras y no tienen el habito de acudir sistemáticamente al diccionario, sino que prefieren dejar en blanco los párrafos difíciles que aclarar el significado de una palabra y de todo el párrafo y a veces de todo el capítulo.

Por eso el acompañamiento de un maestro experto que oriente el sentido y contenido de los saberes, que lo enriquezca, que abra nuevas perspectivas al alumno, puede lograr que este empiece a construir su hábito por la búsqueda del conocimiento en un placer.

Con la debida supervisión y propia participación, el lector entiende lo que pasa ante sus ojos.

No hay peor enemigo del aprendizaje que leer una serie de palabras que no se comprenden y en consecuencia tampoco el sentido y perspectivas del texto.

Como en el trabajo industrial el trabajo académico también es colectivo, y los materiales deben ser los mismos y cada aprendix5 debe tener los materiales de estudio adecuada y oportunamente.

QUINTO:
Se debe controlar la calidad de los productos del trabajo académico.

La evaluación debe ser cotidiana, se lleva un control diario que sirve para obtener la calificación final considerando el estado de su cuaderno, portafolio, las participaciones en clase, los ensayos Se recomienda que se reúnan alumnos de dos o más grupos y que se preparen las presentaciones con la mayora formalidad posible según el tiempo, y los recursos disponibles. El apoyo en el internet es de gran valía

APLICACIÓN DE LA ESTRATEGIA AL CURSO DE SEMINARIO DE CULTURA JURÍDICA

LA LECTURA DRAMATIZADA COMO UNA HERRAMIENTA DE APRENDIZAJE

LECTURA EN VOZ ALTA

LA APOLOGIA: LA LECTURA CORAL.

Para facilitar la Lectura se trabaja en una adaptación para lectura coral.

Es el tiempo de unir las individualidades fortalecidas con la lectura.

La versión de poesía coral se trabaja en grupos múltiplos de 5, y está dividida en párrafos que se declaman individualmente y párrafos que se declaman en coro.

El trabajo también se hace en el salón en tiempo de clase y se corrigen las imperfecciones, se sincronizan los grupos sobre todo en los coros y se subrayan algunos mensajes vitales en la lectura. Esta segunda parte tiene por objeto que los alumnos repitan la lectura y reagrupen los textos en los temas principales.

Este esfuerzo culmina con la presentación de la lectura en público y la evaluación del grupo. Empleamos un mes en este esfuerzo y obtenemos un resultado: Los alumnos empiezan a leer con corrección y empiezan a elevar la voz y a darle entonación dramática a la expresión oral además conocen la apología y discuten acerca de ella.

En el trabajo cotidiano se hace lo siguiente: Se agrupan equipos de 5 a 20 alumnos

El alumno sorteado lee en voz alta un párrafo numerado que le toca en turno, mientras los demás alumnos leen su texto en su sitio.

El maestro interrumpe la lectura para comprobar que todos estén leyendo con la atención necesaria.

Se marcan cuando el alumno no está concentrado en la lectura, o no trae su material, o se comporta con desgano.

Aceptamos alumnos con problemas para leer o para aprender, pero no aceptamos alumnos que no quieran leer o aprender.

Al llegar a un párrafo clave que refiere los temas jurídicamente relevantes, se hace una pausa mayor para provocar un espacio dialéctico en las propuestas del autor, debatiendo entre y con los alumnos y confrontándolas con el presente.

Algunos temas obligados que tratamos y que se van apareciendo en la lectura de la obra son:

Importancia de una buena introducción en el discurso.

- Actitud ética del abogado a contrapelo de los jovenzuelos ansiosos de medrar.

- Formulas solemnes para la fijación de la litis

- Papel del juez y del abogado

- Prioridad del contenido en justicia sobre la forma en el decir.

- Sobre la educación para que se hagan ciudadanos íntegros ("Las artes del hombre 8).

- **Acerca de la sabiduría**

- La dialéctica como método para la búsqueda de la verdad jurídica e histórica.

- La actitud moral como una práctica cotidiana.

- La táctica discursiva de reducción al absurdo

- Vivir con honor antes que solo vivir.

- Acerca de la Muerte.

- La trasmigración al Hades y los grandes encuentros.

- La sentencia

  Epílogo

  Mensaje final

Y una gran cantidad de temas que los maestros y alumnos van descubriendo en el desarrollo del texto.

Se seleccionan los párrafos fundamentales vinculados a los temas propuestos y se encargan pequeñas redacciones de los temas analizados, sin profundizar mucho en la escritura.

Se debe evaluar diariamente el trabajo hecho.

Y ahí soy enérgico: así evaluó la apología:

Jugamos las reglas de los juicios orales, (recordemos que la apología es el discurso de defensa de Sócrates en el juicio oral que se abrió ante 556 jueces por la acusación de pervertir a la juventud.)

Por ejemplo si faltan a la clase y les toca en suerte leer, pierden un punto, ya que si faltaran a una audiencia en un juicio pudieran perder el juicio, se debilitaría su caso o por lo menos se conseguirían una multa.

Si están distraídos durante la lectura en voz alta de otro compañero, pierden decimos, ya que una distracción en una audiencia puede dañar su caso.

Si no mejoran sus habilidades de lectura, pierden Los abogados deben aprender y mejorar después de cada caso.

Si faltan a las sesiones de práctica de la poesía o a la sesión de lectura pública pierden un punto cada vez. Si un abogado no prepara su caso con antelación puede dañar a su representado.

FINALMENTE se presenta públicamente la declamación coral de cada uno de los grupos pudiendo auxiliarse con el texto durante la presentación.

A estas presentaciones que se hacen en algún auditorio de la universidad, suelen asistir, parejas de los compañeros, amigos, y eventualmente padres o parientes.

LECTURA ENFATICA

ANTÍGONA

Una propuesta para el uso del teatril como una estrategia de lectura académica.

La enseñanza del Derecho, en esta Universidad se ve frente a dos retos que ha de superar en el menor tiempo posible: diseñar programas constructivistas y desarrollar estrategias de aprendizaje para que los egresados puedan enfrentar la práctica de los juicios orales en materia penal por lo pronto y en materia civil después.

Como un intento de abordar ambos retos, presento esta adaptación de la Antígona de Sófocles, preparada para leerse colectivamente en la especie teatril del genero representación teatral.

En la adaptación se respetan los diálogos originales, que contienen reflexiones jurídicas, y la historia dramática de la familia de los "Lablacidas" se deja en manos de un narrador, para tratar de convertirla en una herramienta de la enseñanza del derecho.

Para el rediseño constructivista de las materias de Introducción al Derecho, Seminario de Cultura Jurídica, Y Derecho Laboral, se propone el uso del teatro como un eficaz método de enseñanza, esta propuesta ya ha sido aplicada con mediano éxito por el autor en diversos montajes en la materia de derecho laboral y de introducción al derecho.

Sin embargo el uso de la técnica debe combinarse con una subrayada reflexión jurídica y un ejercicio crítico de los alumnos al identificar y actualizar algunos de los discursos fundamentales de la obra que aun hoy tienen plena vigencia, sobre todo en un mundo internacionalizado que de repente parece estar preso en las manos de "Creontes redivivos".

La Estrategia que propongo la denomino "trayendo la vida al aula" porque pretende sumergir al alumno en

la vida misma, donde se dan los conflictos jurídicos con efectos en la vida de las personas que se ven involucradas. Y como trabajamos en un salón de clases, ya que no podemos ir a la montaña, traigamos la montaña a casa. Y este es un esfuerzo más en esta idea de rediseño de la enseñanza del Derecho.

Pretendo inspirarme en Paulo Freire para desarrollar las diferentes intentos de rediseño, si no lo logro es porque más veces intenta uno algo sin conseguirlo que la inversa.

En este ejercicio, pretendo recuperar en los alumnos el LA LECTURA DRAMATIZADA.

Redescubrimiento del valor de la voz, como expresión del lenguaje.

El lenguaje es la base para la mediación en la adquisición del conocimiento "reciproco, por ambos lados a la vez" como dice Sófocles refiriéndose a la muerte de los hermanos Polinice y Etéocles.

Además para los alumnos que habrán de encontrarse en un tribunal donde la voz es la vía de concreción de la previa preparación para el juicio, y a la vez la verbalización del "insight" que se presenta durante el discurso de defensa o acusación, hablar en público se traduce en un aprendizaje importante que ha de conducir al próximo abogado en el ejercicio de la profesión.

El rescate de la voz, la diversificación del leguaje y el enriquecimiento del léxico del abogado es una necesidad de primer orden en la actualidad, junto con la conformación de un Licenciado en Derecho cada vez más culto.

El uso de la voz se convierte en indispensable para el nuevo abogado, y no se trata solo de hablar, sino de hablar bien, claro y fuerte, como advierte "El corifeo" en los diálogos de Creonte y Hemón.

El lenguaje es la base para la mediación en la adquisición del conocimiento "reciproco, por ambos lados a la vez" como dice Sófocles refiriéndose a la muerte de los hermanos Polinice y Etéocles. Además para los alumnos que habrán de encontrarse en un tribunal donde la voz es la vía de concreción de la previa preparación para el juicio, y a la vez la verbalización del "insigth" que se presenta durante el discurso de defensa o acusación, hablar en público se traduce en un aprendizaje importante que ha de conducir al próximo abogado en el ejercicio de la profesión.

El rescate de la voz, la diversificación del leguaje y el enriquecimiento del léxico del abogado es una necesidad de primer orden en la actualidad, junto con la conformación de un Licenciado en Derecho cada vez más culto

El uso de la voz se convierte en indispensable para el nuevo abogado, y no se trata solo de hablar, sino de hablar bien, claro y fuerte, como advierte "El corifeo" en los diálogos de Creonte y Hemón.

Y hablar fuerte y claro, lograr un adecuado uso de la voz es algo que se aprende con la práctica.

Un buen razonamiento debe complementarse con una buena voz, con una buena capacidad de improvisación, con un buen manejo del escenario teatral que constituirán los juicios orales.

Adicionalmente esta lectura trae aparejado el descubrimiento de los clásicos, lo impresionante de la exactitud jurídica con que Sófocles trata los grandes temas del "derecho del hombre", del "derecho divino";

De la lucha entre el autoritarismo y la prudencia en la aplicación de la ley, y...

Finalmente la sanción implícita en todas nuestras acciones, el destino traducido en el sufrimiento de las penas merecidas, por nuestros propios hechos.

Esta experiencia puede facilitar el conocimiento significativo en los alumnos de primer ingreso lo aplico en las asignaturas de Introducción al Derecho y Seminario de cultura Jurídica.

Se promueve el hábito de la buena lectura, la lectura en voz alta debe ser bien hecha, respetando la puntuación, la acentuación de las palabras, la entonación de la intención del discurso, y sentimos que los estudiosos en el silencio que rodea el gabinete de la computadora merecen la oportunidad de escucharse.

LECTURA AVANZADA

ARISTOTELES, MAQUIAVELO, ROUSSEAU Y MARX EN EL JUEGO DE ROLES.

En esta etapa del curso, los alumnos, ya tienen una experiencia con la lectura, han desarrollado sus habilidades en la lectura, y es tiempo de que avancen hacia una técnica de lectura que los acompañe por el resto de sus días en sus tareas de investigación documental, básica en el trabajo de los abogados, o de cualquier universitario que deba leer para realizar su trabajo, es una técnica primordial para pasar de la lectura regulada por el maestro a la lectura de autodidacta, que es la lectura que verdaderamente le permitirá adquirir una parte del universo de conocimientos que rodea al hombre.

En el abordaje de estos autores aplicamos íntegramente la técnica de lectura "Don Arnulfo" y culminamos con un juego de roles que permite a los alumnos defender las ideas del autor que le tocó en suerte defender.

En esta parte presentamos la experiencia de su aplicación como una estrategia de asunción de los conocimientos en el curso. Específicamente en la materia de Seminario de Cultura Jurídica de la Carrera de Derecho, en el Instituto de Ciencias Sociales y Administración de la UACJ

En esta materia, se deben leer y discutir las aportaciones que algunos de los filósofos clásicos han hecho a la Ciencia Jurídica.

Los autores obligatorios como programa mínimo, son Platón con "la Apología de Sócrates", los libros I, II III y IV de "la Política" de Aristóteles, "El Príncipe" de Maquiavelo, Rousseau con "El discurso sobre la desigualdad de los hombres" y Marx y Engels con "El Manifiesto Comunista", a los cuales yo agrego a Sófocles con "Antígona".

El principal obstáculo que enfrenta el profesor en la conducción de esta materia, consiste en los malos hábitos de lectura de muchos de los alumnos, y dado que, precisamente el objetivo de la materia es descubrir y disfrutar del placer de leer a los clásicos, lo primero que debemos plantearnos es acompañar a los alumnos en un proceso de lecturas que les permitan al fin del curso participar en una discusión de mediana profundidad en cuanto a las tesis básicas de los autores a estudio.

De ahí que establezcamos cuatro etapas de lecturas con diverso nivel de exigencia en cada una para que los alumnos tengan la oportunidad de prepararse para participar con mediano éxito en el evento final que es un juego de roles.

LECTURA LUDICA.- En este primer nivel de la lectura de los clásicos, se busca que los jóvenes jueguen y descubran la emoción de los grandes dramas: El juicio de Sócrates y La tragedia de Antígona. Al mismo tiempo se hacen las primeras reflexiones y discusiones sobre El enjuiciamiento, la actitud para conocer, la honestidad intelectual, la Justicia, La ley, la argumentación Jurídica, etc.

LECTURA COMPRENSIVA En este nivel se pretende que el alumno, mejore sus hábitos de lectura para alcanzar un mayor nivel de comprensión de los textos, y¿ que mejor que Aristóteles? con su lógica sólida e indestructible con la cual plantea la Naturaleza del Estado, su método analítico, siempre estableciendo géneros y especies, con sus profundas reflexiones acerca del ciudadano y las formas de gobierno, con los conceptos de ley, justicia y equidad, la idea de familia patrimonial y patriarcal de entonces, la razón de ser de la esclavitud.

El profesor acompaña a los alumnos subrayando y localizando los párrafos fundamentales, redactando los alumnos en su propio idioma las ideas de Aristóteles, discutiendo y argumentando el sentido de las mismas.

LECTURA REFLEXIVA.- Al llegar a "El Príncipe", los alumnos deben saber subrayar, encontrar las frases fundamentales, y es el momento de solicitarles que integren sus equipos con vistas al evento final: El Juego de roles

El equipo que representará a Maquiavelo, conducirá las reflexiones que produzca la lectura de El Príncipe, pero sus reflexiones serán confrontadas con las del resto del grupo y con las del maestro, que a estas alturas ya lo estarán haciendo a una mayor profundidad, sobre temas como: el Estado, el papel del Gobierno, La ética Política, El ejercicio del poder, La Justicia vis a vis el poder político, El arte de gobernar. Y se procuraran producir análisis de actualidad con las herramientas de Maquiavelo.

LECTURA CRITICA Juan Jacobo Rousseau, y Carlos Marx, con "El Discurso sobre la Desigualdad de los Hombres" y "El Manifiesto Comunista", tienen la virtud de asumir una posición sólida y firme frente a la historia y al futuro de la humanidad y los lectores no pueden permanecer indiferentes frente a estos dos grandes documentos. Las categorías de igualdad social, de propiedad privada, de clases sociales, de capital, de socialismo, de estado de naturaleza, son ideas frente a las cuales hay que usar las armas de la critica y el alumno que para entonces ya tiene un acervo importante de conceptos jurídico políticos, y algunos elementos filosóficos, ya tiene posibilidades de hacerlo por lo menos elementalmente.

Se usa la "Técnica de la lectura Don Arnulfo" en la cual las ideas de los alumnos son confrontadas dialécticamente entre el grupo y el profesor.

JUEGO DE ROLES COMO TECNICA DE RESUMEN DEL APRENDIZAJE EN EL CURSO DE SEMINARIO DE CULTURA JURIDICA

El juego de roles puede ser utilizado Como una estrategia de curso, En cuyo caso la planeación y preparación del evento se hará durante el desarrollo del curso y el juego la culminación del mismo.

También puede ser utilizado como una técnica pedagógica específica para realizarse en una o dos sesiones y entonces será considerado como una parte del desarrollo de una estrategia general que ponga énfasis en el aprendizaje cooperativo.

COMO SE PREPARA El JUEGO.

Ya establecimos que un requisito para participar en el juego, y por lo tanto para optar por una calificación aprobatoria el agotamiento de las lecturas obligadas.

OBSERVACION: todos los textos deben corresponder a la misma edición. Esta serie es una propuesta de antología de los textos.

EL DESARROLLO DEL JUEGO:

Los grupos se integran por afinidades y designan un líder.

Se distribuye un cuestionario que establece los temas generales que han de tratar los equipos.

En una fecha determinada, tal vez la última clase del curso, se reúnen en un salón grande, en círculo, los seis equipos, cada equipo deberá tener algún objeto o vestuario distintivo de su autor.

En la misma mesa los seis autores explican sus propuestas y defienden sus ideas en una polémica que aparenta ser real, como si hubiésemos sacado a todos los personajes de su época y los hubiéramos traído al presente.

Recreamos el infierno de Dante en el quinto circulo, y Virgilio y dante dirigen la sesión, previa introducción del escenario.

El maestro, inicia el Juego lanzando la primera pregunta a un equipo, la respuesta del alumno líder debe significar el pensamiento de su autor y sirve de pauta para que el líder de otro grupo le replique y sostenga la posición de su propio autor.

Esta intervención sirve de pie para la aparición de un tercer grupo o la duplica del primero.

Así empieza el juego con la participación entusiasta de los diferentes equipos.

El profesor, debe impulsar a que participen todos los equipos y todos los miembros de cada equipo, llevando una rúbrica para controlar la participación de cada equipo y de cada alumno.

El Profesor debe cuidar que se vayan agotando los diversos temas del cuestionario, pero no debe forzar ningún orden determinado, debe permitir que la discusión surja espontáneamente,.

Debe acicatear la imaginación de los alumnos con preguntas ingeniosas que rompan el acartonamiento del cuestionario pero que no abandonen la temática a tratar.

Después de una discusión de unos 90 minutos, se pide una conclusión rápida a cada uno de los líderes de los equipos sobre la frase definitoria de su autor.

Se clausura el juego y se pasa a la evaluación.

LA EVALUACION:

Se pide primero un ejercicio de auto evaluación de cada equipo sobre cada uno de sus miembros. Pidiéndoles honestidad y diferenciando solidaridad de complicidad. Entrega una hoja con las evaluaciones,

Luego cada grupo evalúa en lo general a cada uno de los otros grupos

Y también el maestro hace una evaluación general de cada equipo y de cada alumno participante.

Se confrontan las evaluaciones y se revisa el historial de cada alumno, en cuanto participaciones, abordaje de las lecturas durante el curso, profundidad en los temas abordados tanto en el curso de las lecturas como en el Juego y se califica a los alumnos. Con generosidad.

Conclusión. Las propuestas anteriores no son sino búsquedas para modificar las practicas de enseñanza basadas en la transmisión oral y unidireccional de los conocimientos prestablecidos en textos que a su vez interpretan a quienes interpretaron en otro momento a los pensadores que hicieron surgir las grandes dudas y con ello las grandes inquisiciones acerca del derecho.

Repito que son búsquedas y no hallazgos, porque lo encontrado, que es lo aquí propuesto, se aplica y se modifica constantemente, y seguramente habrá mejores propuestas que las superen, las mejoren o las eliminen de la practica universitaria, lo cual pasara seguramente con el transcurso del tiempo y el gasto de la vida de este profesor.

Queda pues lo dicho Ahora es el momento de abandonar este escrito, (porque los textos nunca se concluyen, se abandonan en espera de nuevas oportunidades)... y pasar a la presentación de Esta Antologia

SEMINARIO DE CULTURA JURIDICA

ADAPTACIÓN PARA LECTURA CORAL DE APOLOGÍA DE SÓCRATES DE PLATÓN.

Gustavo de la Rosa Hickerson
UACJ-ICSA-JUR

Nota: *cada lector se adjudica un número del 1 al 20 y va leyendo el texto que aparece frente al suyo, al mismo tiempo los 20 lectores se organizan en 4 coros de 5 elementos cada uno se identifican alfabéticamente y van declamando los coros según corresponde a su letra.*

...Así que tercera llamada empezamos...

APOLOGIA

INTRODUCCION

1.- ATENIENSES: Ignoro qué impresión habrán despertado en ustedes las palabras de mis acusadores. Han hablado tan seductoramente que al Escucharlas, Casi han conseguido deslumbrarme a mí mismo.

2.- Y de todas las falsedades que han urdido, hay una que me deja lleno de asombro.

3.- Aquella en que se decía que tienen que precaverse de mí,

4.- Y no dejarse embaucar porque soy una persona muy hábil en el arte de hablar.

A.- CORO

Y, ¡por Zeus! que no les seguiré el juego compitiendo con frases rebuscadas, ni con bellos discursos escrupulosamente estructurados como es propio de los de su calaña.

————

5.- Usare el mismo lenguaje que acostumbro en el ágora, Curioseando las mesas de los cambistas o en cualquier sitio donde muchos de ustedes me han oído.

6.- Porque, además, a la edad que tengo
Sería ridículo que pretendiera presentarme ante ustedes con sofisticados parlamentos,

7.- Propios más bien de los jovenzuelos con ilusas aspiraciones de medrar con encendidos discursos.

8.- Por eso, debo rogar
-aunque creo tener el derecho a exigirlo-
Que no den importancia a mi manera de hablar
y de expresarme
(que no dudo de que las habrá mejores y peores)

9.- (con una gran voz) Que, pongan atención exclusivamente en si digo cosas justas o no.

B.- CORO

————

Pues, en esto, en el juzgar, consiste la misión del juez, y en el decir la verdad, la del orador.

————

10.- Así pues, lo correcto será que pase a defenderme.

11.- En Primer lugar de las que fueron las primeras acusaciones propaladas contra mí por mis antiguos acusadores
Los que tomándolos a muchos de ustedes desde niños los persuadían

12.- (enfáticamente) Y me acusaban mentirosamente diciendo que:

13.- Hay un tal Sócrates, sabio, que se ocupa de las cosas celestes,.
Que investiga todo lo que hay bajo la tierra
y que hace más fuerte el argumento más débil.

14.- Convengamos, pues, conmigo,
que dos son los tipos de acusadores
con los que debo enfrentarme:

15.- Unos, los más antiguos
y otros, los que me han acusado recientemente.

16.- Por ello, permitidme que empiece
por desembarazarme primero de los más antiguos,

17.- Pues fueron sus acusaciones
las que llegaron antes a su conocimiento
Y durante mucho más tiempo que las recientes
Y debo hacerlo en tan poco tiempo como se me ha concedido.

18.- Sin embargo, que la causa tome los derroteros que sean gratos a los dioses.
Lo mío es obedecer a la ley
y abogar por mi causa.

19.- Imaginémonos que se tratara de una acusación formal y pública
Y oímos recitarla delante del tribunal.

C.- CORO

_____

<Sócrates es culpable porque se mete donde no le importa, investigando en los cielos y bajo la tierra. Practica hacer fuerte el argumento más débil e induce a muchos otros para que actúen como él.>

_____

20.- Algo parecido encontraréis
En la comedia de Aristófanes, donde un tal Sócrates se pasea por la escena, vanagloriándose de que flotaba por los aires, soltando mil tonterías sobre asuntos de los que yo no entiendo ni poco ni nada.

1.- Pero nada de cierto hay en todo esto,
Ni tampoco si les han contado
Que yo soy de los que intentan educar a las gentes y que cobran por ello.

2.- Y también puedo probar que esto no es verdad y no es que no encuentre hermoso
el que alguien sepa dar lecciones a los otros,

3.-Así lo hacen Gorgias de Leontinos
o Pródicos de Ceos
o Hipias de Hélide,

4.- Que van de ciudad en ciudad,
Fascinando a la mayoría de los jóvenes
y a muchos otros ciudadanos
que podrían escoger libremente y gratis,
la compañía de otros hombres

5.- Y que, sin embargo, prefieren abandonarles para escogerles a ellos
para recibir sus lecciones por las que deben pagar y,
aún más, estarles agradecidos.

6.- Si yo poseyera este don me satisfaría
y orgullosamente lo proclamaría.
Pero, en realidad es que no entiendo nada sobre eso.

7.- LA SABIDURÍA

8.- Alguno de vosotros me dirá, quizá: "Pero Sócrates, ¿que es lo que haces? ¿De donde nacen estas calumnias que se han propalado contra ti?

9.- Porque? Si te has limitado a hacer lo mismo que hacen los demás ciudadanos, jamás debieron esparcirse tales rumores. Dinos, pues, el hecho de verdad, para que no formemos un juicio temerario."

10.- La reputación que yo haya podido adquirir no tiene otro origen que una cierta sabiduría que existe en mí. ¿Cual es esta sabiduría?

D.- CORO

_____

Por testigo de mi sabiduría os daré al mismo Dios de Delfos, que os dirá si la tengo y en que consiste.

_____

11.- Todos conocen a Querefon, mi compañero en la infancia, como lo fue de la mayor parte de ustedes, y que fueron desterrados juntos, y con ustedes volvió.

12.- Ya saben que hombre era Querefon y que entusiasta era en cuanto emprendía.

13.- Un día, habiendo partido para Delfos, tuvo el atrevimiento de preguntar al oráculo ¿si había en el mundo un hombre más sabio que yo?;

13.- La Pythia le respondió que no había ninguno.
Querefon ha muerto, pero su hermano, que está presente, podrá dar fe de ello.

14.- Cuando supe la respuesta del oráculo, dije para mí; ¿Que quiere decir el dios?
¿Que sentido ocultan estas palabras?;

15.- Porque yo se sobradamente que en mi no existe semejante sabiduría ni pequeña ni grande.

16.- ¿Que quiere, pues, decir al declararme el más sabio de los hombres?

17.- Porque él no miente. La Divinidad no puede mentir.

18,- Dude largo tiempo del sentido del oráculo hasta que, por último, después de gran trabajo, me propuse hacer la prueba siguiente:

19.- Fui a casa de uno de nuestros conciudadanos que pasa por uno de los más sabios de la ciudad.
Yo creía que allí, mejor que en otra parte, encontraría materiales para rebatir el oráculo

Y... presentarle un hombre más sabio que yo, por más que me hubiese declarado el más sabio de los hombres.

20.- Examinando, pues, a este hombre, de quien baste decir que era uno de nuestros grandes políticos, sin necesidad de descubrir su nombre,

1.- Y conversando con él, me encontré con que todo el mundo lo creía sabio, que el mismo se tenía por tal y que en realidad no lo era.

2.- Después de este descubrimiento me esforcé en hacerle ver que de ninguna manera era lo que el creía ser.

3.- ¡He aquí! ya lo que me hizo odioso a este hombre y a los amigos suyos que asistieron a la conversación.

4.- Luego que dé el me separe razonaba conmigo mismo y me decía:

A.- CORO

_____

Yo soy más sabio que este hombre.

_____

5.- Puede muy bien suceder que ni él ni yo sepamos nada de lo que es bello y de lo que es bueno, Pero hay esta diferencia, que el cree saberlo aunque no sepa nada y yo, no sabiendo nada, creo no.-saber.

B.- CORO

_____

El cree saberlo aunque no sepa nada y yo, no sabiendo nada, creo no.-saber

_____

6.- Me parece, pues, que en esto yo, aunque poco mas, era más sabio. Porque no creía saber lo que no sabía.

C.- CORO

_____

¡Oh Dios!, he aquí, atenienses, el fruto que saque de mis indagaciones,

_____

7.- Porqué es preciso decir verdad: todos aquellos que pasaban por ser los más sabios me parecieron no serlo.

8.- Porqué es preciso decir verdad: todos aquellos que pasaban por ser los más sabios me parecieron no serlo.

9.- Al contrario todos aquellos que no gozaban de esta opinión los encontré en mucha mejor disposición para serlo.

10.- Al contrario todos aquellos que no gozaban de esta opinión los encontré en mucha mejor disposición para serlo

11.- Después de estos grandes hombres de Estado me fui a los poetas, tanto a los que hacen tragedias como a los poetas ditirámbicos y otros,

12.- No dudando que con ellos si me sorprendería encontrándome más ignorante que ellos.

13.-Para esto examiné las obras suyas que me parecieron mejor trabajadas y les pregunte lo que querían decir y cuál era su objeto.

14.- Pudor tengo, atenienses, en deciros la verdad; pero no hay remedio, es preciso decirla.

15.- No hubo uno de todos los que estaban presentes, incluso los mismos autores, que supiese hablar ni dar razón de sus poemas.

16.- Y al mismo tiempo, me convencí que, a titulo de poetas, se creían los más sabios en todas materias si bien nada entendían.

17.- Los deje, pues, persuadido de que era yo superior a ellos, por la misma razón que lo había sido respecto a los hombres políticos.

18.- En fin, fui en busca de los artistas. Estaba bien convencido que yo nada entendía de su profesión,

19.- Que los encontraría muy capaces de hacer muy buenas cosas y en esto no podía engañarme.

20.- Pero, atenienses, los mas entendidos entre ellos incurría en el mismo defecto que los poetas.

1.-Porque no halle uno que, a titulo de ser buen artista, no se creyese muy capaz y muy instruido en las más grandes cosas y esta extravagancia quitaba todo el merito a su habilidad.

2.- Me pregunte, pues, a mí mismo, como si hablara por el oráculo,

2.- Si quería más ser tal como soy, sin la habilidad de estas gentes e igualmente sin su ignorancia.

3.- O bien tener la una y la otra y ser como ellos,

4.- Y me respondí a mi mismo y al oráculo que; ¡Era mejor para mi ser como soy!

5.- Y me respondí a mi mismo y al oráculo que; ¡Era mejor para mi ser como soy!

6.- Todos los que me escuchan creen que yo se todas las cosas sobre las qué descubro la ignorancia de los demás.

7.- Me parece, atenienses, que solo Dios es el verdadero sabio.

8.-Y si el oráculo ha nombrado a Sócrates, sin duda se ha valido de mi nombre como un ejemplo y como si dijese a todos los hombres:

D.- CORO

_____

"El mas sabio entre vosotros es aquel que reconoce como Sócrates que su sabiduría no es nada."

_____

9.- Por otra parte, muchos jóvenes de las más ricas familias, en sus ocios, se unen a mí de buen grado y tienen tanto placer en ver de qué manera pongo a prueba a todos los hombres.

10.-Que quieren imitarme con aquellos que encuentran; Y no hay que dudar que encuentran una buena cosecha.

11.- Porque son muchos los que creen saberlo todo, aunque no sepan nada o casi nada.

12.- Todos aquellos que se convencen de su ignorancia la toman conmigo y no con ellos. Y van diciendo que hay un cierto Sócrates, que es un malvado y un infame que corrompe a los jóvenes.

13.- Y se desatan con esos cargos triviales que ordinariamente se dirigen contra los filósofos:

14.- Que indaga lo que pasa en los cielos y en las entrañas de la tierra, que no cree en los dioses, que hace buenas las mas malas causas;

15.- Que indaga lo que pasa en los cielos y en las entrañas de la tierra, que no cree en los dioses, que hace buenas las mas malas causas;

16.- Y todo porque no se atreven a decir la verdad, que es que Sócrates los sorprende y descubre que se figuran que saben, cuando no saben nada.

A.- CORO

He aquí, atenienses, la verdad pura; no oculto ni disfrazo nada, aun cuando no ignoro que cuanto digo no hace más que envenenar la llaga; y esto prueba que digo la verdad y que tal es el origen de estas calumnias.

17.- Aquí está una apología que considero suficiente contra mis primeras acusaciones.

18.- EL DEBATE

19.- Por lo que, ahora, toca defenderme de las acusaciones de Melito. El honrado y entusiasta patriota Melito, según el mismo se confiesa y con él, al resto de mis recientes acusadores.

20.- Veamos cuál es la acusación jurada de éstos -y ya es la segunda vez que nos la encontramos- y démosle un texto como a la primera.

B.- CORO

———

El acta diría así: Sócrates es culpable de corromper a la juventud, de no reconocer a los dioses de la ciudad, y por el contrario, sostiene extrañas creencias y nuevas divinidades.

———

1.- ¿QUIEN HACE MEJORES A LOS JOVENES?

2.- <Sócrates>Acércate, Melito, y respóndeme: ¿No es verdad que es de suma importancia para ti el que los jóvenes lleguen a ser lo mejor posible?

3.- <melito>Ciertamente.

2.- <Sócrates>-EA, pues, y de una vez: explica a los jueces, aquí presentes, quién es el que los hace mejores. Porque es evidente que tú lo sabes ya que dices se trata de un asunto que te preocupa. Pero vamos hombre, dinos de una vez quien los hace mejores o peores.

3.- <melito> Las leyes.

2.- <Sócrates> Pero, si no es eso lo que te pregunto, amigo mío, sino cuál es el hombre, sea quien sea, pues se da por supuesto que las leyes ya se conocen.

3.- < Melito > Ah sí, Sócrates, ya lo tengo. Esos son los jueces.

2.- <Sócrates>¿He oído bien, Melito? ¿Que quieres decir? ¿Qué estos hombres son capaces de educar a los jóvenes y hacerlos mejores?

3.- < Melito >-Ni más ni menos.

4.- <Sócrates>-Y, ¿cómo? ¿Todos?, o, ¿unos si y otros no?
5.- < Melito > -Todos sin excepción.

4.- <Sócrates>¡Por Hera!, que te expresas de maravilla.
¡Qué grande es el número de los benefactores, que según tú sirven para este menester...! Y, ¿el público aquí asistente, también hace mejores o peores a a nuestros jóvenes?

5.- < Melito > También.

4.- <Sócrates>-¿Y los miembros del Consejo?

5.-< Melito >Esos también.

6.- <Sócrates>Veamos, aclárame una cosa: ¿serán entonces, Melito, los que se reúnen en Asamblea, los asambleístas, los que corrompen a los Jóvenes? O, ¿también ellos, en su totalidad los hacen mejores?

7.- < Melito > -Es evidente que si.

C.- CORO

Parece, pues, evidente que todos los atenienses contribuyen a hacer mejores a nuestros jóvenes.
Bueno; todos, menos uno, que soy yo, el único que corrompe a nuestra juventud. ¿Es eso lo que quieres decir?

7.-< Melito > Sin lugar a dudas.

6.-<Sócrates>-Grave es mi desdicha, si esa es la verdad.
¿Qué buena suerte la de los jóvenes si sólo uno pudiera corromperles y el resto ayudarles a ser mejores.

1.- ¿VIVIR ENTRE MALVADOS?

7.- Pero, ¡por Zeus!, dinos todavía: que vale más, ¿vivir entre ciudadanos honrados o entre malvados? EA, hombre, responde, que tampoco te pregunto nada del otro mundo. ¿Verdad que los malvados son una amenaza y que pueden acarrear algún mal, hoy o mañana, a los que conviven con ellos? 9.- < Melito > -Sin lugar a duda.

8 -¿Existe algún hombre que prefiera ser perjudicado por sus vecinos, o todos prefieren ser favorecidos? Sigue respondiendo, honrado Melito, porque además la ley te exige que contestes, ¿hay alguien que prefiera ser dañado?

9- < Melito > No, desde luego.

8.- -Veamos pues: me has traído hasta aquí con la acusación de que corrompo a los Jóvenes y de que los hago peores. Y esto, lo hago, ¿voluntaria o involuntariamente?

9.- < Melito >-Muy a sabiendas de lo que haces, sin lugar a duda.

8.- Y tú, Melito, que aún eres tan joven, ¿me superas en experiencia y sabiduría hasta tal punto de haberte dado cuenta de que los malvados producen siempre algún perjuicio a las personas que tratan y los buenos algún bien, y considerarme a mí en tan grado de ignorancia, que ni sepa si convierto en malvado a alguien de los que trato diariamente, corriendo el riesgo de recibir a la par algún mal de su parte, y que este daño tan grande, lo hago incluso intencionadamente?

Esto, Melito, a mí no me lo haces creer y no creo que encuentres quien se lo trague: yo no soy el que corrompe a los jóvenes y en caso de serlo, sería involuntariamente y, por tanto, en ambos casos, te equivocas o mientes.

Y si se probara que yo los corrompo, desde luego tendría que concederse que lo hago involuntariamente. Y en este caso, la ley ordena, advertir al presunto autor en privado, instruirle y amonestarle, y no, de buenas a primeras, llevarle directamente al Tribunal. Pues es evidente, que una vez advertido y entrado en razón, dejaría de hacer aquello que inconscientemente dicen que estaba, haciendo.

D.-CORO _____

Tú, has rehuido siempre el encontrarte conmigo, aunque fuera simplemente para conversar o para corregirme y has optado por traerme directamente aquí, que es donde debe traerse a quienes merecen un castigo y no a los que te agradecerían una corrección.

_____

1.- ¿DIOSES O DEMONIOS?

10.-<Sócrates>Aclaremos algo más: explícanos cómo corrompo a los Jóvenes.
¿No es -si seguimos el acta de la denuncia- que es enseñando a no honrar a los dioses que la ciudad venera y sustituyéndolas por otras divinidades nuevas?.
¿Será, por esto, por lo que los corrompo?

11< Melito > Precisamente eso es lo que afirmo.

10<Sócrates>Bien, dices, por esta parte, que en concreto no creo en los dioses del Estado, sino en otros diferentes, más bien ¿sostienes que no creo en ningún dios y que además estas ideas las inculco a los demás?

11<Melito>Eso mismo digo: que tú no aceptas ninguna clase de dioses.

10<Sócrates>Ah, sorprendente Melito, ¿para qué dices semejantes extravagancias?
0, ¿es que no considero dioses al sol, la luna, como creen el resto de los hombres?

11.- <Melito> ¡Por Zeus! Sabed, OH jueces, lo que dice: el sol es una piedra y la luna es tierra.

10.- <Sócrates>¿Te crees que estás acusando a Anaxágoras, mi buen Melito? O, ¿desprecias a los presentes hasta tal punto de considerarlos tan poco eruditos que ignoren los libros de Anaxágoras el Clazomenio, que están llenos de tales teorías?

11<Melito>-¡por Zeus!: tú no crees en dios alguno.

10.- <Sócrates>Tú Melito, responde ¿Hay algún hombre en el mundo, Oh Melito, que crea que existen cosas humanas, pero que no crea en la existencia de hombres concretos?
¿Admites o no, y contigo el resto, que puedan existir demonios sin existir al mismo tiempo dioses concretos?

11 < Melito > -Imposible.

10<Sócrates>¡Qué gran favor me has hecho con tu respuesta, aunque haya sido arrancada a regañadientes!
Con ella afirmas que yo creo en entidades divinas, nuevas o viejas, y que enseño a creer en ellas, según tu declaración, sostenida con juramento.
Luego, tendrás que aceptar que también creo en las divinidades concretas, ¿no es así?
Puesto que callas, debo pensar que asientes.
Y ahora, bien, prosigamos el razonamiento: ¿no es verdad que tenemos la creencia de que los demonios son dioses o hijos de los dioses? ¿Estás de acuerdo, sí o no?
-Lo estoy.

CORO

_____

En consecuencia, si yo creo en las demonios, como tú reconoces, y los demonios son dioses, entonces queda bien claro, que yo creo en los dioses, puesto que creo en los demonios.

_____

10.- Y si estos son hijos de los dioses, aunque fueran sus hijos bastardos, Habidos de amancebamiento con ninfas o con cualquier otro ser -como se acostumbra a decir--,

¿Quién, de entre los sensatos, admitiría que existen hijos de dioses, pero que no existen los dioses?

Sería tan disparatado como el admitir que pueda haber hijos de caballos y de asnos, o sea, los mulos,
pero que negara, al mismo tiempo, que los caballos y asnos existen.
Dudo que encuentres algún tonto por ahí, con tan poco juicio, que crea que una persona pueda creer en demonios y dioses, y al mismo tiempo, no creer en dioses.
Es absolutamente imposible.

A.- CORO

Así pues, creo haber dejado bien claro de que no soy culpable, si nos atenemos a la acusación de Melito. Con lo dicho, basta y sobra

---

ACERCA DE LA MUERTE

12.- Quizá alguno de vosotros, en su interior, me esté recriminando:

13.- «-¿No te avergüenza, Sócrates, el que te veas metido en estos líos a causa de tu ocupación y que te está llevando al extremo de hacer peligrar tu propia vida?»

14.- A éstos les respondería, y muy convencido por cierto:

CORO

"Te equivocas completamente, amigo mío, si crees que un hombre con un mínimo de valentía debe estar preocupado por esos posibles riesgos de muerte antes que por la honradez de sus acciones".

15.- Preocupándose sólo si son fruto de un hombre justo o injusto.

16.- Pues, según este razonamiento, habrían sido vidas indignas las de aquellos semidioses que murieron en Troya

17.- Y principalmente la del hijo de la diosa Tetis,(Aquiles)

B.- CORO

_____ Para   quien
contaba tan poco la muerte, si había que vivir vergonzosamente,
Que llegó a despreciar tanto los peligros,

_____

18.- Porque deseaba ardientemente matar a Héctor para vengar la
muerte de su amigo Patroclo,
Y cuando su madre, la diosa, más o menos le decía:

19.- «-Hijo mío, si vengas la muerte de tu compañero Patroclo y matas
a Héctor, tú mismo morirás, pues tu destino está unido al suyo»,

20.- Y tras oír esto, tuvo a bien poco a la muerte y al peligro, y
temiendo mucho más el vivir cobardemente que el morir por vengar a
un amigo, replico:

C.- CORO

_____

«-Prefiero morir aquí mismo, después de haber castigado al asesino,
que seguir vivo, objeto de burlas y desprecios, siendo carga inútil de la
tierra, arrastrándome junto a las naves cóncavas».

_____

1.- ¿Se preocupó, pues, de los peligros y de la muerte?

2.- Y es que así debe ser, ateniense.

3.- En efecto, el temor a la muerte no es otra cosa que creerse sabio
sin serlo: presumir saber algo que se desconoce.

4.- Pues nadie conoce qué sea la muerte, ni si en definitiva se trata del
mayor de los bienes que pueden acaecer a un humano.

5.- Por el contrario, los hombres la temen como si en verdad supieran
que sea el peor de los males.

6.- Y, ¿cómo no va a ser reprensible esta ignorancia por la que uno afirma lo que no sabe?

7.- Pero, yo, atenienses, quizá también en este punto me diferenció del resto de los mortales

8.- Si me obligaran a decir en qué soy más sabio,

9.-Me atrevería a decir que, en desconociendo lo que en verdad acaece en el Hades, no presumo saberlo.

10.- Antes por el contrario, sí que sé, y me atrevo a proclamarlo,

11.- Que el vivir injustamente y el desobedecer a un ser superior, sea dios o sea hombre, es malo y vergonzoso.

D.- CORO
_____

Temo, pues, a los males que sé positivamente sean tales, pero las cosas que no sé si son bienes o males, no las temeré, ni rehuiré afrontarlas.
_____

12Profundicemos un tanto la cuestión, para hacer ver que es una esperanza muy profunda la de que la muerte es un bien.

13.- Es preciso de dos cosas una:
La muerte es un absoluto anonadamiento, una privación de todo sentimiento
es un tránsito del alma de un lugar a otro.

14.- Si es la privación de todo sentimiento, un dormir pacifico que no es turbado por ningún sueño,

15.- ¿Que mayor ventaja puede presentar la muerte?
Porque estoy persuadido de que después de haber pasado una noche muy tranquila sin ninguna inquietud, sin ninguna turbación,
¡'Durmiendo profundamente!

No solo un simple particular, sino el mismo gran rey, encontraría que aquella noche fue de las más felices de su vida.

16.- Si la muerte es una cosa semejante, la llamo con razón un bien;

17.- Porque entonces el tiempo, todo entero, no es más que una larga noche.

18.- Pero si la muerte es un tránsito de un lugar a otro y si, según se dice, allá abajo esta el paradero de todos los que han vivido.

A.- CORO
_____

¿Qué mayor bien se puede imaginar, jueces míos?

_____

19.- Porque si al dejar los jueces prevaricadores de este mundo, se encuentra en los infiernos a los verdaderos jueces. Que se dice que hacen allí justicia, Minos, Radamanto, Triptolemo

20.- Y todos los demás semidioses que han sido justos durante su vida,

1.- ¿No es este el cambio más dichoso?

2.- ¿A qué precio no compraríais la felicidad de conversar con Orfeo, Museo, Hesíodo, y Homero?
Para mí, si es esto verdad, moriría mil veces.

3.- ¿Qué transporte de alegría no tendría yo cuando me encontrase.

4.- Con Palamedes, con Áyax, hijo de Telamón, y con todos los demás héroes de la antigüedad que han sido víctimas de la injusticia?
5.- ¡Que placer el poder comparar mis aventuras con las suyas!

6.- Pero aun sería un placer infinitamente más grande para mi pasar allí los días,

7.-Interrogando y examinando a todos estos personajes, para distinguir los que son verdaderamente sabios de los que creen serlo y no lo son.

B.- CORO

¿Hay alguno, jueces míos, que no diese todo lo que tiene en el mundo por examinar al que condujo un numeroso ejército contra Troya, u Odisea o Sísifo, y tantos otros, hombres y mujeres, cuya conversación y examen seria una felicidad inexplicable?

8.- Estos no harían morir a nadie por este examen,
Porque, además de que son más dichosos que nosotros en todas las cosas,

9.-Gozan de la inmortalidad, si hemos de creer lo que se dice.

10.- Si a mí, después de todo esto, llegaran a decirme: «-Sócrates, nosotros no queremos hacer caso a Anito, sino que te absolvemos, pero con la condición de que no molestes a los ciudadanos y abandones tu filosofar. De manera, que en la próxima ocasión en que te encontremos ocupados en tales menesteres, debemos condenarte a morir.»

11.- Si vosotros me absolvieran con esta condición, les replicaría:

12.- «-Agradezco vuestro interés y os aprecio, atenienses, pero prefiero obedecer antes al dios que a vosotros y mientras tenga aliento y las fuerzas no me fallen, tened presente que no dejaré de inquietaros con mis interrogatorios y de discutir sobre todo lo que me interese, con cualquiera que me encuentre, a la usanza que ya os tengo acostumbrados»

13.- Y aún añadiría:

C.- CORO

«OH tú, hombre de Atenas y buen amigo, ciudadano de la polis más grande y más renombrada por su intelectualidad y poderío.
¿No te avergüenzas de estar obsesionado por aumentar al máximo tus riquezas y con ello, tu fama y honores, y por el contrario descuidas las sabiduría y la grandeza de tu espíritu?»

14.- Insistiendo en que la virtud no viene de las riquezas, sino que las riquezas y el resto de bienes y la categoría de una persona vienen de la virtud, que es la fuente de bienestar para uno mismo y para el bien público.

15.- Resumiendo, pues, OH atenienses, creáis a Anitos o no le creáis, me absolváis o me declares culpable, yo no puedo actuar de otra manera.

16.- ¡Mil veces me condenarais a morir!.

17.- Estad persuadidos de que si me hacéis morir en el supuesto de lo que acabo de declarar, el mal no será solo para mí.

D.- CORO

———————

"En efecto, ni Anito ni Melito pueden causarme mal alguno, porque el mal no puede nada con el hombre de bien".

———————

18.- Me harán quizá condenar a muerte, o a destierro, o a la perdida de mis bienes y de mis derechos de ciudadano; males espantosos a los ojos de Melito y de sus amigos; pero yo no soy de su dictamen.

19.- A mi juicio, el más grande de todos los males es hacer lo que Anito hace en este momento, que es trabajar para hacer morir un inocente.

REFLEXIONES SOBRE LA VIRTUD Y LA ENSEÑANZA

20.- Quizá parecerá absurdo que me haya entrometido a dar a cada uno en particular lecciones y que jamás me haya atrevido a presentarme en las asambleas para dar mis consejos a la patria.

1.- Quien me lo ha impedido, atenienses, ha sido este demonio familiar, esta voz divina de que tantas veces he hablado y que ha servido a Melito para formar dolosamente un capítulo de acusación.

2.- Este demonio se ha pegado a mí desde mi infancia; es una voz que no se hace escuchar sino cuando quiere separarme de lo que he resuelto hacer, porque jamás me excita a emprender nada.

3.- Esa voz es la que se ha opuesto siempre cuando he querido mezclarme en los negocios de la república; y ha tenido razón, porque ha largo tiempo, creedme, atenienses, que yo no existiría si me hubiera mezclado en los negocios públicos, y no hubiera podido hacer las cosas que he hecho en vuestro beneficio y el mío.

A.- CORO

———————

Es preciso de toda necesidad que el que quiere combatir por la justicia, por poco que quiera vivir, sea solo simple particular y no hombre público.

———————

4.- Voy a dar pruebas magníficas de esta verdad, no con palabras, sino con otro recurso que vale más, con hechos.

5.- Escuchen lo que me ha sucedido, para que así conozcan cuan incapaz soy de someterme a nadie, yendo contra lo que es justo por temor a la muerte.

6.- Y como, no cediendo nunca es imposible que deje yo de ser víctima de la injusticia.

7.- Referiré cosas poco agradables, mucho más en boca de un hombre que tiene que hacer su apología, pero que son muy verdaderas.

8.-Ya saben, atenienses, que jamás he desempeñado ninguna magistratura y que tan solo he sido senador.

9.-La tribu antioquida, a la que pertenezco, estaba en turno en el Pritaneo cuando, contra toda ley, ustedes se empeñaron en procesar, a los diez generales que no habían enterrado los cuerpos de los ciudadanos muertos en el combate naval de las Arginusas; injusticia que reconocieron y de la que se arrepintieron después.

10.- Entonces fui el único senador que se atrevió a oponerse a ustedes para impedir, esta violación de las leyes.

11.-Proteste contra su decreto y, a pesar de los oradores que se preparaban para denunciarme, a pesar de vuestras amenazas y vuestros gritos, preferí correr este peligro con la ley y la justicia que consentir con tal iniquidad, sin que me arredraran ni las cadenas ni la muerte.

B.- CORO

_____

¿Creéis que hubiera yo vivido tantos años si me hubiera mezclado en los negocios de la republica y, como hombre de bien hubiera combatido toda clase de intereses bastardos para dedicarme exclusivamente a defender la justicia?
¡Esperanza vana, atenienses!; ni yo ni ningún otro hubiera podido hacerlo.

_____

12.- Pero la única cosa que me he propuesto toda mi vida en público y en particular es no ceder ante nadie, sea quien fuere, contra la justicia, ni ante esos mismos tiranos que mis calumniadores quieren convertir en mis discípulos.

13.- Jamás he tenido por oficio el enseñar y si ha habido algunos jóvenes o ancianos que han tenido deseo de verme a la obra y oír mis conversaciones, no les he negado esta satisfacción, porque como no es mercenario mi oficio, no rehusó el hablar, aun cuando con nada se me retribuye;

14.-Y estoy dispuesto siempre a espontanearme con ricos y pobres, dándoles toda anchura para que me pregunten y, si lo prefieren, para que me respondan a las cuestiones que yo suscite.

15.- Y si entre ellos hay algunos que se han hecho hombres de bien o picaros, no hay que alabarme ni reprenderme por ello, porque no soy yo la causa,
Jamás he prometido enseñarles nada y, de hecho, nada les he enseñado; y si alguno se alaba de haber recibido lecciones privadas

u oído de mi cosas distintas de las que digo públicamente a todo el mundo, ¡no dice la verdad!

16.- Están enterados, atenienses, por que la mayor parte de las gentes gustan escucharme y conversar detenidamente conmigo; porque siempre les he dicho la verdad pura y...

17.- Porque tienen singular placer en combatir con gentes que se tienen por sabias y que no lo son; combates que no son desagradables para los que los dirigen.

18.- Como dije antes, es el dios mismo el que me ha dado esta orden por medio de oráculos, por sueños y por todos los demás medios de que la divinidad puede valerse para hacer saber a los hombres su voluntad.

19.- Pero, quizá, habrá alguno entre vosotros que, acordándose de haber estado en el puesto en que yo me hallo, se irritara contra mi, porque peligros mucho menores los ha conjurado suplicando a sus jueces con lágrimas y...

20.- Para excitar más la compasión, ha hecho venir aquí a sus hijos, sus parientes y sus amigos, mientras que yo no he querido recurrir a semejante aparato, a pesar de las señales que se advierten de que corro el mayor de todos los peligros.

1.- De suerte, atenienses, que tengo parientes y tengo tres hijos, de los cuales el mayor está en la adolescencia y los otros dos en la infancia y, sin embargo, no los haré comparecer aquí para comprometeros a que me absolváis.

2.- ¿Por qué no lo haré? No es por una terquedad altanera ni por desprecio hacia vosotros; y dejo a un lado si miro la muerte con intrepidez o con debilidad, porque esta es otra cuestión; sino que es por vuestro honor y por el de toda la ciudad.

3.- No me parece regular ni honesto que vaya yo a emplear esta clase de medios a la edad que tengo y con toda mi reputación verdadera o falsa.

C.- CORO

Además no me parece justo suplicar al juez ni hacerse absolver a fuerza de suplicas.
Es preciso persuadirlo y convencerlo, porque el juez no está sentado en su silla para complacer violando la ley, sino para hacer justicia obedeciéndola.

4.- Así es como lo ha ofrecido por juramento y no está en su poder hacer gracias a quien le agrade, porque está en la obligación de hacer justicia.

5.- No es conveniente que los acostumbremos al perjurio ni ustedes deben dejarse acostumbrar; porque los unos y los otros seremos igualmente culpables para con los dioses.

6.- ¡No esperéis de mi atenienses, que yo recurra para con vosotros a cosas que no tengo por buenas, ni justas, ni piadosas, y menos que lo haga en una ocasión en que me veo acusado de impiedad por Melito!

7.-Si los ablandase con mis suplicas y los forzase a violar vuestro juramento, seria evidente que les enseñaría a no creer en los dioses y, queriendo justificarme, probaría, contra mi mismo, que no creo en ellos.

8.-Pero es una fortuna, ateniense, que este yo en esta creencia.

9.- Estoy más persuadido de la existencia de Dios que ninguno de mis acusadores; y es tan grande la persuasión que me entrego a vosotros y al dios de Delfos, a fin de que me juzguéis como creáis mejor, para vosotros y para mí.
(Terminada la defensa de Sócrates, los jueces, que eran 556, procedieron a la votación y resultaron 281 votos en contra y 275 a favor; y Sócrates condenado por una mayoría de 6 votos, tomo la palabra y dijo:)

10.- LA SENTENCIA

11.- No creáis, atenienses, que me haya conmovido el fallo que acabáis de pronunciar contra mi, y esto por muchas razones: la principal, porque ya estaba preparado para recibir este golpe.

12.- Mucho más sorprendido estoy con el número de votantes en pro y en contra y no esperaba verme condenado por tan escaso número de votos.

13.- Advierto que solo por tres votos no he sido absuelto.

14.- Ahora veo que me he liberado de las manos de Melito; y no solo liberado, sino que les consta a todos que si Anito y Licon no se hubieran levantado para acusarme, Melito hubiera pagado seis mil dracmas por no haber obtenido la quinta parte de votos.

15.- Melito me juzga digno de muerte; en buena hora. ¿Y yo de que pena me juzgare digno?

Veréis claramente, atenienses, que yo no escojo más que lo que merezco.

16.- ¿Y cuál es? ¿A qué pena, a que multa voy a condenarme por no haber callado las cosas buenas que aprendí durante toda mi vida?
Por haber despreciado lo que los demás buscan con tanto afán, las riquezas, el cuidado de los negocios domésticos, los empleos y las dignidades.

D.- CORO

Por convencerlos de que no atiendan a las cosas que les pertenecen antes que al cuidado de ustedes mismos, para hacerse mas sabios y mas perfectos, lo mismo que es preciso tener cuidado de la existencia de la republica antes de pensar en las cosas que le pertenecen.

17.- Dicho esto, ¿de que soy digno? De un gran bien, sin duda, atenienses, si proporcionan verdaderamente la recompensa al mérito;

18.- De un gran bien que puede convenir a un hombre tal como yo.

19.- ¿Y que es lo que conviene a un hombre pobre, que es vuestro bienhechor y que tiene necesidad de un gran desahogo para ocuparse en exhortarlos?

20.- Nada les conviene tanto, atenienses, como el ser alimentado en el Pritaneo

1.- Y esto le es más debido que a los que, han ganado el premio en las carreras de caballos y carros en los juegos olímpicos; porque estos, con sus victorias, hacen que aparezcamos felices

2.- Y yo los hago felices, no en la apariencia, sino en realidad.

3.- Por otra parte, ellos no tienen necesidad de este socorro y yo si la tengo.

4.- Si en justicia es preciso adjudicarme una recompensa digna de mí, esta es la que merezco; el ser alimentado en el Pritaneo.

5.- Estando convencidísimo de que no he hecho daño a nadie, ¿cómo he de hacérmelo a mi mismo, confesando que merezco ser castigado e imponiéndome a mi mismo una pena?

6.-¡Que! ¿Por no sufrir el suplicio a que me condena Melito, suplicio que verdaderamente no se si es un bien o un mal, iré yo a escoger alguna de esas penas, que se con certeza que es un mal y me condenare yo mismo a ella?

7.- ¿Será quizá una prisión perpetua? ¿Y que significa vivir siempre yo esclavo de los Once?

8.- ¿Será una multa y prisión hasta que la haya pagado? Esto equivale a lo anterior, porque no tengo con que pagarla.

9.- ¿Me condenare a destierro? quizá confirmaríais mi sentencia.

10.- Pero sería necesario que fuera tan obcecado en el amor a la vida, atenienses, si no viera que si ustedes, que son mis conciudadanos, no han podido sufrir mis conversaciones ni mis máximas y de tal manera os han irritado que no han parado hasta deshacerse de mi.

11.- Seguramente que con mucha mas razón los de otros países no podrían sufrirme.

12.-!Preciosa vida para Sócrates si, a sus años, arrojado de Atenas, se viera errante de ciudad en ciudad, como un vagabundo y como un proscrito!

13.- Se bien que, a doquiera que vaya, los jóvenes me escucharan, como me escuchan en Atenas; pero si no los rechazo, sus padres y parientes me arrojaran por causa de ellos.

14.- Pero me dirá quizá alguno: ¡Que Sócrates! ¿Si marchas desterrado, no podrás mantenerte en reposo y guardar silencio?

A.- CORO

Ya veo que este punto es de los mas difíciles de comprender, porque si digo que callar en el destierro seria desobedecer a Dios y que, por esta razón, me es, imposible guardar silencio, no me creerías y mirarías esto como una ironía.

5.- Y si por otra parte, dijese que el mayor bien del hombre es hablar de la virtud todos los días de su vida

6.- Y conversar sobre todas las demás cosas que han sido objeto de mis discursos,

7.- Ya sea examinándome a mi mismo, ya examinado a los demás, porque una vida sin examen no es vida, aun me creeríais menos.

8.- Así es la verdad, atenienses, por más que se resistan a creerla.

9.- En fin, no estoy acostumbrado a juzgarme acreedor a ninguna pena.

10.- Verdaderamente, si fuese rico, me condenaría a una multa tal, que pudiera pagarla, porque esto no me causaría ningún perjuicio; pero no puedo, porque nada tengo, a menos que queráis que la multa sea proporcionada a mi indigencia y, en este concepto, podría extenderme hasta a una mina de plata y a esto es lo que yo me condeno.

11.- Pero Platón, que está presente, Criton, Critobolo y Apolodoro, quieren que me extienda hasta treinta minas de que ellos responden.

12.- Me condeno, pues, a treinta minas y he aquí mis fiadores, que ciertamente son de mucho abono.

13.- (Habiéndose Sócrates condenado a si mismo a la multa por obedecer a la ley, los jueces deliberaron y lo condenaron a muerte, y entonces Sócrates tomo la palabra y dijo:

14.- EPILOGO

15.- En verdad, atenienses, por demasiada impaciencia y precipitación vas a cargar con un baldón y dar lugar a vuestros envidiosos enemigos a que acusen a la república de haber ha echo morir a Sócrates, a este hombre sabio.

16.- Porque, para agravar su vergonzosa situación, ellos me llamaran sabio aunque no lo sea.

17.- En lugar de que si hubieses tenido un poco de paciencia, mi muerte venia de suyo y hubieses conseguido vuestro objeto, porque ya ves que, en la edad que tengo, estoy bien cerca de la muerte.

18.- No digo esto por todos los jueces, sino tan solo por los que me han condenado a muerte y a ellos es a quienes me dirijo. ¿Creen que yo hubiera sido condenado si no hubiera reparado en los medios para defenderme?

B.- CORO

No son las palabras, atenienses, las que me han faltado; es la impudencia de no haberles dicho cosas que les hubiera, gustado oír.

———

19.- Hubiera sido para vosotros una gran satisfacción haberme visto lamentar, suspirar, llorar, suplicar y cometer todas las demás bajezas que ven todos los días en los acusados.

20.- Pero, en medio del peligro, no he creído que debía rebajarme a un hecho tan cobarde y tan vergonzoso y, después de vuestra sentencia, no me arrepiento de no haber cometido esta indignidad.

C.- CORO

———

¡Prefiero morir después de haberme defendido como me he defendido que vivir por haberme arrastrado ante vosotros!

———

1.- Ni en los tribunales de justicia ni en medio de la Guerra debe el hombre honrado salvar su vida por tales medios.

2.- Sucede en todos los demás peligros; hay mil expedientes para evitar la muerte cuando esta uno en posición de poder decirlo todo o hacerlo todo.

3.- ¡AH, atenienses, no es difícil evitar la muerte; lo es mucho mas evitar la deshonra, que mancha más ligera que la muerte!

4.- Esta es la razón porque, Viejo y pesado como estoy, me he dejado llevar por la mas pesada de las dos, la muerte; mientras que la mas ligera, el crimen, esta adherida a mis acusadores, que tienen vigor y ligereza.

5.- Yo voy a sufrir la muerte, a la que me han condenado; pero ellos sufrirán la iniquidad y la infamia a que la verdad los condena.

6.- Con respecto a mi, me atengo a mi castigo y ellos se atendrán al suyo.

7.- Esta manera de libertarse de sus censores ni es decente ni posible.

8.- La que es a la vez muy decente y muy fácil es no cerrar la boca a los hombres, sino hacerse mejor.

9.- Lo dicho basta para los que me han condenado y los entrego a sus propios remordimientos.

10.- Con respecto a los que me han absuelto con sus votos, atenienses, conversare con el mayor gusto, mientras que los Once estén ocupados y no se me conduzca al sitio donde deba morir.

11.- Concedanme, os suplico, un momento de atención, porque nada impide que conversemos juntos, puesto que da tiempo.

12.- Quiero decir, como amigos, una cosa que acaba de sucederme y explicar lo que significa. Si, jueces míos (y llamándoos así no me engaño en el nombre); me ha sucedido hoy una cosa muy maravillosa.

13.- La voz divina de mi demonio familiar, que me hacia advertencias tantas veces y que en las menores ocasiones no dejaba jamás de separarme de todo lo malo que iba a emprender.

14.- Hoy, que me sucede lo que ven y lo que la mayor parte de los hombres tienen por el mayor de todos los males, esta voz no me ha dicho nada, ni esta mañana cuando salí de casa, ni cuando he venido al tribunal, ni cuando he comenzado a hablar.

15.- Sin embargo, me ha sucedido muchas veces que me ha interrumpido en medio de mis discursos y hoy a nada se ha opuesto, haya dicho o hecho yo lo que quisiera. ¿Qué puede significar esto?

16.- Voy a decirlo. Es que hay trazas de que lo me sucede es un gran bien y nos engañamos todos, sin duda, si creemos que la muerte es un mal.

17.- Una prueba evidente de ello es que si yo dejase de realizar hoy algún bien, el dios no hubiera dejado de advertírmelo como acostumbra.

18.- Esta es la razón, jueces míos, para que nunca perdáis las esperanzas aun después de la tumba, fundados en esta verdad: que no hay ningún mal para el hombre de bien ni durante su vida ni después de su muerte;

19.- Y que los dioses tienen siempre cuidado de cuanto tiene relación con el; porque lo que en este momento me sucede a mi no es obra del azar y estoy convencido

20.- De que el mejor partido para mi es morir desde luego y libertarme así de todos los disgustos de esta vida.

1.- He aquí por que la voz divina nada me ha dicho en este día. No tengo ningún resentimiento contra mis acusadores.

2.- Ni contra los que me han condenado,

3.- Aun cuando no haya sido su intención hacerme un bien, sino, por el contrario, un mal, lo que seria un motivo para quejarme de ellos.

Finalmente solo una gracia tengo que pedirles.

CORO

―――――――

Cuando mis hijos sean mayores, os suplico los hostiguéis, los atormentéis como yo os he atormentado a vosotros, si veis que prefieren las riquezas a la virtud y que se creen algo cuando no son nada.

―――――――

4.- No dejéis de sacarlos a la vergüenza si no se aplican a lo que deben aplicarse y creen ser lo que no son;

5.- Porque así es como yo he obrado con vosotros.

6.- Si me concedéis esta gracia, lo mismo yo que mis hijos no podremos menos de alabar vuestra justicia.

7.- Pero ya es tiempo de que nos retiremos de aquí, yo para morir, vosotros para vivir. ¿Entre vosotros y yo, quien lleva la mejor parte? Esto es lo que nadie sabe, excepto Dios.

A continuación presento la versión original de Patricio de Azcárate
• Madrid 1874 publicada por El proyecto de Filosofía en Español.,
si el lector tiene curiosidad, puede hacer una comparación entre las
dos versiones y encontrara detalles muy interesantes, esta es una
versión prosificada, como fue traducida de sus versiones primarias.

Platón

APOLOGÍA DE SÓCRATES

Yo no sé, atenienses, la impresión que habrá hecho en vosotros el
discurso de mis acusadores. Con respecto a mí, confieso que me he
desconocido a mí mismo; tan persuasiva ha sido su manera de decir.
Sin embargo, puedo asegurarlo, no han dicho una sola palabra que
sea verdad.

Pero de todas sus calumnias, la que más me ha sorprendido es la
prevención que os han hecho de que estéis muy en guardia para no
ser seducidos por mi elocuencia. Porque el no haber temido el mentís
vergonzoso que yo les voy a dar en este momento, haciendo ver que
no soy elocuente, es el colmo de la impudencia, a menos que no llamen
elocuente al que dice la verdad. Si es esto lo que pretenden, confieso
que soy un gran orador; pero no lo soy a su manera; porque, repito,
no han dicho ni una sola palabra verdadera, y vosotros vais a saber
de mi boca la pura verdad, no, ¡por Júpiter!, en una arenga vestida de
sentencias brillantes y palabras escogidas, como son los discursos de mis
acusadores, sino en un lenguaje sencillo y espontáneo; porque descanso
en la confianza de que digo la verdad, y ninguno de vosotros debe
esperar otra cosa de mí. No sería propio de mi edad, venir, atenienses,
ante vosotros como un joven que hubiese preparado un discurso.

Por esta razón, la única gracia, atenienses, que os pido es que cuando
veáis que en mi defensa emplee [50] términos y maneras comunes, los
mismos de que me he servido cuantas veces he conversado con vosotros
en la plaza pública, en las casas de contratación y en los demás sitios

en que me habéis visto, no os sorprendáis, ni os irritéis contra mí; porque es esta la primera vez en mi vida que comparezco ante un tribunal de justicia, aunque cuento más de setenta años.

Por lo pronto soy extraño al lenguaje que aquí se habla. Y así como si fuese yo un extranjero, me disimularíais que os hablase de la manera y en el lenguaje de mi país, en igual forma exijo de vosotros, y creo justa mi petición, que no hagáis aprecio de mi manera de hablar, buena o mala, y que miréis solamente, con toda la atención posible, si os digo cosas justas o no, porque en esto consiste toda la virtud del juez, como la del orador: en decir la verdad.

Es justo que comience por responder a mis primeros acusadores, y por refutar las primeras acusaciones, antes de llegar a las últimas que se han suscitado contra mí. Porque tengo muchos acusadores cerca de vosotros hace muchos años, los cuales nada han dicho que no sea falso. Temo más a estos que a Anito y sus cómplices[1], aunque sean estos últimos muy elocuentes; pero son aquellos mucho más temibles, por cuanto, compañeros vuestros en su mayor parte desde la infancia, os han dado de mí muy malas noticias, y os han dicho, que hay un cierto Sócrates, hombre sabio que indaga lo que pasa en los cielos y en las entrañas de la tierra y que sabe convertir en buena, una mala causa.

Los que han sembrado estos falsos rumores son mis más peligrosos acusadores, porque prestándoles oídos, llegan [51] los demás a persuadirse que los hombres que se consagran a tales indagaciones no creen en la existencia de los dioses. Por otra parte, estos acusadores son en gran número, y hace mucho tiempo que están metidos en esta trama. Os han prevenido contra mí en una edad, que ordinariamente es muy crédula, porque erais niños la mayor parte o muy jóvenes cuando me acusaban ante vosotros en plena libertad, sin que el acusado les contradijese; y lo más injusto es que no me es permitido conocer ni nombrar a mis acusadores, a excepción de un cierto autor de comedias. Todos aquellos que por envidia o por malicia os han inoculado todas estas falsedades, y los que, persuadidos ellos mismos, han persuadido a otros, quedan ocultos sin que pueda yo llamarlos ante vosotros ni refutarlos; y por consiguiente, para defenderme, os preciso que yo me bata, como suele decirse, con una sombra, y que ataque y me defienda sin que ningún adversario aparezca.

Considerad, atenienses, que yo tengo que habérmelas con dos suertes de acusadores, como os he dicho: los que me están acusando ha mucho tiempo, y los que ahora me citan ante el tribunal; y creedme, os lo suplico, es preciso que yo responda por lo pronto a los primeros, porque son los primeros a quienes habéis oído y han producido en vosotros más profunda impresión.

Pues bien, atenienses, es preciso defenderse y arrancar de vuestro espíritu, en tan corto espacio de tiempo, una calumnia envejecida, y que ha echado en vosotros profundas raíces. Desearía con todo mi corazón, que fuese en ventaja vuestra y mía, y que mi apología pudiese servir para mi justificación. Pero yo sé cuán difícil es esto, sin que en este punto pueda hacerme ilusión. Venga lo que los dioses quieran, es preciso obedecer a la ley y defenderse.

Remontémonos, pues, al primer origen de la acusación, [52] sobre la que he sido tan desacreditado y que ha dado a Melito confianza para arrastrarme ante el tribunal. ¿Qué decían mis primeros acusadores? Porque es preciso presentar en forma su acusación, como si apareciese escrita y con los juramentos recibidos. «Sócrates es un impío; por una curiosidad criminal quiere penetrar lo que pasa en los cielos y en la tierra, convierte en buena una mala causa, y enseña a los demás sus doctrinas.»

He aquí la acusación; ya la habéis visto en la comedia de Aristofanes, en la que se representa un cierto Sócrates, que dice, que se pasea por los aires y otras extravagancias semejantes, que yo ignoro absolutamente; y esto no lo digo, porque desprecie esta clase de conocimientos; si entre vosotros hay alguno entendido en ellos (que Melito no me formule nuevos cargos por esta concesión), sino que es sólo para haceros ver, que yo jamás me he mezclado en tales ciencias, pudiendo poner por testigos a la mayor parte de vosotros.

Los que habéis conversado conmigo, y que estáis aquí en gran número, os conjuro a que declaréis, si jamás me oísteis hablar de semejante clase de ciencias ni de cerca ni de lejos; y por esto conoceréis ciertamente, que en todos esos rumores que se han levantado contra mí, no hay ni una sola palabra de verdad; y si alguna vez habéis oído, que yo me dedicaba a la enseñanza, y que exigía salario, es también otra falsedad.

No es porque no tenga por muy bueno el poder instruir a los hombres, como hacen Gorgias de Leoncio, Prodico de Ceos e Hippias de Elea. Estos grandes personajes tienen el maravilloso talento, donde quiera que vayan, de persuadir a los jóvenes a que se unan a ellos, y abandonen a sus conciudadanos, cuando podrían estos ser sus maestros sin costarles un óbolo.

Y no sólo les pagan la enseñanza, sino que contraen con ellos una deuda de agradecimiento infinito. He oído [53] decir, que vino aquí un hombre de Paros, que es muy hábil; porque habiéndome hallado uno de estos días en casa de Callias hijo de Hiponico, hombre que gasta más con los sofistas que todos los ciudadanos juntos, me dio gana de decirle, hablando de sus dos hijos: —Callias, si tuvieses por hijos dos potros o dos terneros, ¿no trataríamos de ponerles al cuidado de un hombre entendido, a quien pagásemos bien, para hacerlos tan buenos y hermosos, cuanto pudieran serlo, y les diera todas las buenas cualidades que debieran tener? ¿Y este hombre entendido no debería ser un buen picador y un buen labrador? Y puesto que tú tienes por hijos hombres, ¿qué maestro has resuelto darles? ¿Qué hombre conocemos que sea capaz de dar lecciones sobre los deberes del hombre y del ciudadano? Porque no dudo que hayas pensado en esto desde el acto que has tenido hijos, y conoces a alguno? —Sí, me respondió Callias. —¿Quién es, le repliqué, de dónde es, y cuánto lleva? —Es Éveno, Sócrates, me dijo; es de Paros, y lleva cinco minas. Para lo sucesivo tendré a Éveno por muy dichoso, si es cierto que tiene este talento y puede comunicarlo a los demás.

Por lo que a mí toca, atenienses, me llenaría de orgullo y me tendría por afortunado, si tuviese esta cualidad, pero desgraciadamente no la tengo. Alguno de vosotros incidirá quizá: —Pero Sócrates, ¿qué es lo que haces? ¿De dónde nacen estas calumnias que se han propalado contra ti? Porque si te has limitado a hacer lo mismo que hacen los demás ciudadanos, jamás debieron esparcirse tales rumores. Dinos, pues, el hecho de verdad, para que no formemos un juicio temerario. Esta objeción me parece justa. Voy a explicaros lo que tanto me ha desacreditado y ha hecho mi nombre tan famoso. Escuchadme, pues. Quizá algunos de entre vosotros creerán que yo no hablo seriamente, pero estad persuadidos de que no os diré más que la verdad. [54]

La reputación que yo haya podido adquirir, no tiene otro origen que una cierta sabiduría que existe en mí. ¿Cuál es esta sabiduría? Quizá es una sabiduría puramente humana, y corro el riesgo de no ser en otro concepto sabio, al paso que los hombres de que acabo de hablares, son sabios, de una sabiduría mucho más que humana.

Nada tengo que deciros de esta última sabiduría, porque no la conozco, y todos los que me la imputan, mienten, y sólo intentan calumniarme. No os incomodéis, atenienses, si al parecer os hablo de mí mismo demasiado ventajosamente; nada diré que proceda de mí, sino que lo atestiguaré con una autoridad digna de confianza. Por testigo de mi sabiduría os daré al mismo Dios de Delfos, que os dirá si la tengo, y en qué consiste. Todos conocéis a Querefon, mi compañero en la infancia, como lo fue de la mayor parte de vosotros, y que fue desterrado con vosotros, y con vosotros volvió. Ya sabéis qué hombre era Querefon, y cuán ardiente era en cuanto emprendía. Un día, habiendo partido para Delfos, tuvo el atrevimiento de preguntar al oráculo (os suplico que no os irritéis de lo que voy a decir), si había en el mundo un hombre más sabio que yo; la Pythia le respondió, que no había ninguno. Querefon ha muerto, pero su hermano, que está presente, podrá dar fe de ello. Tened presente, atenienses, porque os refiero todas estas cosas; pues es únicamente para haceros ver de donde proceden esos falsos rumores, que han corrido contra mí.

Cuando supe la respuesta del oráculo, dije para mí; ¿Qué quiere decir el Dios? ¿Qué sentido ocultan estas palabras? Porque yo sé sobradamente que en mí no existe semejante sabiduría, ni pequeña, ni grande. ¿Qué quiere, pues, decir, al declararme el más sabio de los hombres? Porque él no miente. La Divinidad no puede mentir. Dudé largo tiempo del sentido del oráculo, hasta que por último, después de gran trabajo, me propuse hacer la [55] prueba siguiente: —Fui a casa de uno de nuestros conciudadanos, que pasa por uno de los más sabios de la ciudad. Yo creía, que allí mejor que en otra parte, encontraría materiales para rebatir al oráculo, y presentarle un hombre más sabio que yo, por más que me hubiere declarado el más sabio de los hombres. Examinando pues este hombre, de quien, baste deciros, que era uno de nuestros grandes políticos, sin necesidad de descubrir su nombre, y conversando con él, me encontré, con que todo el mundo le creía sabio, que él mismo se tenía por tal, y que en realidad no lo era. después de este descubrimiento me esforcé en hacerle ver que de ninguna manera era lo que él creía ser, y he aquí ya lo que me hizo odioso a este hombre y a los amigos suyos que asistieron a la conversación.

Luego que de él me separé, razonaba conmigo mismo, y me decía: —Yo soy más sabio que este hombre. Puede muy bien suceder, que ni él ni yo sepamos nada de lo que es bello y de lo que es bueno; pero hay esta diferencia, que él cree saberlo aunque no sepa nada, y yo, no sabiendo nada, creo no saber. Me parece, pues, que en esto yo, aunque poco más, era más sabio, porque no creía saber lo que no sabía.

Desde allí me fui a casa de otro que se le tenía por más sabio que el anterior, me encontré con lo mismo, y me granjeé nuevos enemigos. No por esto me desanimé; fui en busca de otros, conociendo bien que me hacía odioso, y haciéndome violencia, porque temía los resultados; pero me parecía que debía, sin dudar, preferir a todas las cosas la voz del Dios, y para dar con el verdadero sentido del oráculo, ir de puerta en puerta por las casas de todos aquellos que gozaban de gran reputación; pero, ¡oh Dios!, he aquí, atenienses, el fruto que saqué de mis indagaciones, porque es preciso deciros la verdad; todos aquellos que pasaban por ser los más sabios, me parecieron no [56] serlo, al paso que todos aquellos que no gozaban de esta opinión, los encontré en mucha mejor disposición para serlo.

Es preciso que acabe de daros cuenta de todas mis tentativas, como otros tantos trabajos que emprendí para conocer el sentido del oráculo.

Después de estos grandes hombres de Estado me fui a los poetas, tanto a los que hacen tragedias como a los poetas ditirámbicos[2] y otros, no dudando que con ellos se me cogería in fraganti, como suele decirse, encontrándome más ignorante que ellos. Para esto examiné las obras suyas que me parecieron mejor trabajadas, y les pregunté lo que querían decir, y cuál era su objeto, para que me sirviera de instrucción. Pudor tengo, atenienses, en deciros la verdad; pero no hay remedio, es preciso decirla. No hubo uno de todos los que estaban presentes, inclusos los mismos autores, que supiese hablar ni dar razón de sus poemas. Conocí desde luego que no es la sabiduría la que guía a los poetas, sino ciertos movimientos de la naturaleza y un entusiasmo semejante al de los profetas y adivinos; que todos dicen muy buenas cosas, sin comprender nada de lo que dicen. Los poetas me parecieron estar en este caso; y al mismo tiempo me convencí, que a título de poetas se creían los más sabios en todas materias, si bien nada entendían. Les dejé, pues, persuadido que era yo superior a ellos, por la misma razón que lo había sido respecto a los hombres políticos.

En fin, fui en busca de los artistas. Estaba bien convencido de que yo nada entendía de su profesión, que los encontraría muy capaces de hacer muy buenas cosas, y en esto no podía engañarme. Sabían cosas que yo ignoraba, y en esto eran ellos más sabios que yo. Pero, atenienses, los más [57] entendidos entre ellos me parecieron incurrir en el mismo defecto que los poetas, porque no hallé uno que, a título de ser buen artista, no se creyese muy capaz y muy instruido en las más grandes cosas; y esta extravagancia quitaba todo el mérito a su habilidad.

Me pregunté, pues, a mí mismo, como si hablara por el oráculo, si querría más ser tal como soy sin la habilidad de estas gentes, e igualmente sin su ignorancia, o bien tener la una y la otra y ser como ellos, y me respondí a mí mismo y al oráculo, que era mejor para mí ser como soy. De esta indagación, atenienses, han oído contra mí todos estos odios y estas enemistades peligrosas, que han producido todas las calumnias que sabéis, y me han hecho adquirir el nombre de sabio; porque todos los que me escuchan creen que yo sé todas las cosas sobre las que descubro la ignorancia de los demás. Me parece, atenienses, que sólo Dios es el verdadero sabio, y que esto ha querido decir por su oráculo, haciendo entender que toda la sabiduría humana no es gran cosa, o por mejor decir, que no es nada; y si el oráculo ha nombrado a Sócrates, sin duda se ha valido de mí nombre como un ejemplo, y como si dijese a todos los hombres: «el más sabio entre vosotros es aquel que reconoce, como Sócrates, que su sabiduría no es nada.»

Convencido de esta verdad, para asegurarme más y obedecer al Dios, continué mis indagaciones, no sólo entre nuestros conciudadanos, sino entre los extranjeros, para ver si encontraba algún verdadero sabio, y no habiéndole encontrado tampoco, sirvo de intérprete al oráculo, haciendo ver a todo el mundo, que ninguno es sabio. Esto me preocupa tanto, que no tengo tiempo para dedicarme al servicio de la república ni al cuidado de mis cosas, y vivo en una gran pobreza a causa de este culto que rindo a Dios.

Por otra parte, muchos jóvenes de las más ricas [58] familias en sus ocios se unen a mí de buen grado, y tienen tanto placer en ver de qué manera pongo a prueba a todos los hombres que quieren imitarme con aquellos que encuentran; y no hay que dudar que encuentran una buena cosecha, porque son muchos los que creen saberlo todo, aunque no sepan nada o casi nada.

Todos aquellos que ellos convencen de su ignorancia la toman conmigo y no con ellos, y van diciendo que hay un cierto Sócrates que es un malvado y un infame que corrompe a los jóvenes; y cuando se les pregunta qué hace o qué enseña, no tienen qué responder, y para disimular su flaqueza se desatan con esos cargos triviales que ordinariamente se dirigen contra los filósofos; que indaga lo que pasa en los cielos y en las entrañas de la tierra, que no cree en los dioses, que hace buenas las más malas causas; y todo porque no se atreven a decir la verdad, que es que Sócrates los coge in fraganti, y descubre que figuran que saben, cuando no saben nada. Intrigantes, activos y numerosos, hablando de mí con plan combinado y con una elocuencia capaz de seducir, ha largo tiempo que os soplan al oído todas estas calumnias que han forjado contra mí, y hoy han destacado con este objeto a Melito, Anito y Licon. Melito representa los poetas, Anito los políticos y artistas y Licon los oradores. Esta es la razón porque, como os dije al principio, tendría por un gran milagro, si en tan poco espacio pudiese destruir una calumnia, que ha tenido tanto tiempo para echar raíces y fortificarse en vuestro espíritu.

He aquí, atenienses, la verdad pura; no os oculto ni disfrazo nada, aun cuando no ignoro que cuanto digo no hace más que envenenar la llaga; y esto prueba que digo la verdad, y que tal es el origen de estas calumnias. Cuantas veces queráis tomar el trabajo de profundizarlas, sea ahora o sea más adelante, os convenceréis plenamente de que es este el origen. Aquí tenéis una apología [59] que considero suficiente contra mis primeras acusaciones.

Pasemos ahora a los últimos, y tratemos de responder a Melito, a este hombre de bien, tan llevado, si hemos de creerle, por el amor a la patria. Repitamos esta última acusación, como hemos enunciado la primera. Hela aquí, poco más o menos: Sócrates es culpable, porque corrompe a los jóvenes, porque no cree en los dioses del Estado, y porque en lugar de éstos pone divinidades nuevas bajo el nombre de demonios.

He aquí la acusación. La examinaremos punto por punto. Dice que soy culpable porque corrompo la juventud; y yo, atenienses, digo que el culpable es Melito, en cuanto, burlándose de las cosas serias, tiene la particular complacencia de arrastrar a otros ante el tribunal, queriendo figurar que se desvela mucho por cosas por las que jamás ha hecho ni el más pequeño sacrificio y voy a probároslo.

Ven acá, Melito, dime: ¿ha habido nada que te haya preocupado más que el hacer los jóvenes lo más virtuosos posible?

Melito

Nada, indudablemente.

Sócrates

Pues bien; di a los jueces cuál será el hombre que mejorará la condición de los jóvenes. Porque no puede dudarse que tú lo sabes, puesto que tanto te preocupa esta idea. En efecto, puesto que has encontrado al que los corrompe, y hasta le has denunciado ante los jueces, es preciso que digas quién los hará mejores. Habla; veamos quién es.

Lo ves ahora, Melito; tú callas; estás perplejo, y no sabes qué responder. ¿Y no te parece esto vergonzoso? ¿No es una prueba cierta de que jamás ha sido objeto de tu cuidado la educación de la juventud? Pero, repito, [60] excelente Melito, ¿quién es el que puede hacer mejores a los jóvenes?

Melito

Las leyes.

Sócrates

Melito, no es eso lo que pregunto. Yo te pregunto quién es el hombre; porque es claro que la primer cosa que este hombre debe saber son las leyes.

Melito

Son, Sócrates, los jueces aquí reunidos.

Sócrates

¡Cómo, Melito! ¿Estos jueces son capaces de instruir a los jóvenes y hacerlos mejores?

Melito

Sí, ciertamente.

Sócrates

¿Pero son todos estos jueces, o hay entre ellos unos que pueden y otros que no pueden?

Melito

Todos pueden.

Sócrates

Perfectamente, ¡por Juno!, nos has dado un buen número de buenos preceptores. Pero pasemos adelante. Estos oyentes que nos escuchan, ¿pueden también hacer los jóvenes mejores, o no pueden?

Melito

Pueden.

Sócrates

¿Y los senadores?

Melito

Los senadores lo mismo.

Sócrates

Pero, mi querido Melito, todos los que vienen a las asambleas del pueblo, ¿corrompen igualmente a los jóvenes o son capaces de hacerlos mejores? [61]

Melito

Todos son capaces.

Sócrates

Se sigue de aquí, que todos los atenienses pueden hacer los jóvenes mejores, menos yo; sólo yo los corrompo; ¿no es esto lo que dices?

Melito

Lo mismo.

Sócrates

Verdaderamente, ¡buena desgracia es la mía! Pero continúa respondiéndome. ¿Te parece que sucederá lo mismo con los caballos? ¿Pueden todos los hombres hacerlos mejores, y que sólo uno tenga el secreto de echarlos a perder? ¿O es todo lo contrario lo que sucede? ¿Es uno solo o hay un cierto número de picadores que puedan hacerlos mejores? ¿Y el resto de los hombres, si se sirven de ellos, no los echan a perder? ¿No sucede esto mismo con todos los animales? Sí, sin duda; ya convengáis en ello Anito y tú o no convengáis. Porque sería una gran fortuna y gran ventaja para la juventud, que sólo hubiese un hombre capaz de corromperla, y que todos los demás la pusiesen en buen camino. Pero tú has probado suficientemente, Melito, que la educación de la juventud no es cosa que te haya quitado el sueño, y tus discursos acreditan claramente, que jamás te has ocupado de lo mismo que motiva tu acusación contra mí.

Por otra parte te suplico, ¡por Júpiter!, Melito, me respondas a esto. —Cuál es mejor, ¿habitar con hombres de bien o habitar con pícaros? Respóndeme, amigo mío; porque mi pregunta no puede ofrecer dificultad. ¿No es cierto que los pícaros causan siempre mal a los que los tratan, y que los hombres de bien producen a los mismos un efecto contrario?

Melito

Sin duda.

Sócrates

Hay alguno que prefiera recibir daño de aquellos con quienes trata a recibir utilidad. Respóndeme, porque la ley manda que me respondas. ¿Hay alguno que quiera más recibir mal que bien?

Melito

No, no hay nadie.

Sócrates

Pero veamos; cuando me acusas de corromper la juventud y de hacerla más mala, ¿sostienes que lo hago con conocimiento o sin quererlo?

Melito

Con conocimiento.

Sócrates

Tú eres joven y yo anciano. ¿Es posible que tu sabiduría supere tanto a la mía, que sabiendo tú que el roce con los malos causa mal, y el roce con los buenos causa bien, me supongas tan ignorante, que no sepa que si convierto en malos los que me rodean, me expongo a recibir mal, y que a pesar de esto insista y persista, queriéndolo y sabiéndolo? En este punto, Melito, yo no te creo ni pienso que haya en el mundo quien pueda creerte. Una de dos, o yo no corrompo a los jóvenes, o si los corrompo lo hago sin saberlo y a pesar mío, y de cualquiera manera que sea eres un calumniador. Si corrompo a la juventud a pesar mío, la ley no permite citar a nadie ante el tribunal por faltas involuntarias, sino que lo que quiere es, que se llama aparte a los que las cometen, que se los reprenda, y que se los instruya; porque es bien seguro, que estando instruido cesaría de hacer lo que hago a pesar mío. Pero tú, con intención. lejos de verme e instruirme, me arrastras ante este tribunal, donde la ley quiere que se cite a los que merecen castigos, pero no a los que sólo tienen necesidad de prevenciones. Así, atenienses, he aquí una prueba evidente, como os decía antes, de que Melito [63] jamás ha tenido cuidado de estas cosas, jamás ha pensado en ellas.

Sin embargo, responde aún, y dinos cómo corrompo a los jóvenes. ¿Es según tu denuncia, enseñándoles a no reconocer los dioses que reconoce la patria, y enseñándoles además a rendir culto, bajo el nombre de demonios, a otras divinidades? ¿No es esto lo que dices?

Melito

Sí, es lo mismo.

Sócrates

Melito, en nombre de esos mismos dioses de que ahora se trata, explícate de una manera un poco más clara, por mí y por estos jueces, porque no acabo de comprender, si me acusas de enseñar que hay muchos dioses, (y en este caso, si creo que hay dioses, no soy ateo, y falta la materia para que sea yo culpable) o si estos dioses no son del Estado. ¿Es esto de lo que me acusas? ¿O bien me acusas de que no admito ningún Dios, y que enseño a los demás a que no reconozcan ninguno?

Melito

Te acuso de no reconocer ningún Dios.

Sócrates

¡Oh maravilloso Melito!, ¿por qué dices eso? ¡Qué! ¿Yo no creo como los demás hombres que el sol y la luna son dioses?

Melito

No, ¡por Júpiter!, atenienses, no lo cree, porque dice que el sol es una piedra y la luna una tierra.

Sócrates

¿Pero tú acusas a Anaxágoras, mi querido Melito? Desprecias los jueces, porque los crees harto ignorantes, puesto que te imaginas que no saben que los libros de Anaxágoras y de Clazomenes están llenos de aserciones de esta especie. Por lo demás, ¿qué necesidad tendrían los jóvenes de aprender de mí cosas que podían ir a oír todos [64] los días a la Orquesta, por un dracma a lo más? ¡Magnífica ocasión se les presentaba para burlarse de Sócrates, si Sócrates se atribuyese doctrinas que no son suyas y tan extrañas y absurdas por otra parte! Pero dime en nombre de Júpiter, ¿pretendes que yo no reconozco ningún Dios?

Melito

Sí, ¡por Júpiter!, tú no reconoces ninguno.

Sócrates

Dices, Melito, cosas increíbles, ni estás tampoco de acuerdo contigo mismo. A mi entender parece, atenienses, que Melito es un insolente, que no ha intentado esta acusación sino para insultarme, con toda la audacia de un imberbe, porque justamente sólo ha venido aquí para tentarme y proponerme un enigma, diciéndose a sí mismo: — Veamos, si Sócrates, este hombre que pasa por tan sabio, reconoce que burlo y que digo cosas que se contradicen, o si consigo engañar, no sólo a él, sino a todos los presentes. Efectivamente se contradice en su acusación, porque es como si dijera: —Sócrates es culpable en cuanto no reconoce dioses y en cuanto los reconoce. —¿Y no es esto burlarse? Así lo juzgo yo. Seguidme, pues, atenienses, os lo suplico, y como os dije al principio, no os irritéis contra mí, si os hablo a mi manera ordinaria.

Respóndeme, Melito. ¿Hay alguno en el mundo que crea que hay cosas humanas y que no hay hombres? Jueces, mandad que responda, y que no haga tanto ruido. ¿Hay quien crea que hay reglas para enseñar a los caballos, y que no hay caballos? ¿Que hay tocadores de flauta, y que no hay aires de flauta? No hay nadie, excelente Melito. Yo responderé por ti si no quieres responder. Pero dime: ¿hay alguno que crea en cosas propias de los demonios, y que, sin embargo, crea que no hay demonios? [65]

Melito

No, sin duda.

Sócrates

¡Qué trabajo ha costado arrancarte esta confesión! Al cabo respondes, pero es preciso que los jueces te fuercen a ello. ¿Dices que reconozco y enseño cosas propias de los demonios? Ya sean viejas o nuevas, siempre es cierto por tu voto propio, que yo creo en cosas tocantes a los demonios, y así lo has jurado en tu acusación. Si creo en cosas demoníacas, necesariamente creo en los demonios; ¿no es así? Sí, sin duda; porque tomo tu silencio por un consentimiento. ¿Y estos demonios no estamos convencidos de que son dioses o hijos de dioses? ¿Es así, sí o no?

Melito

Sí.

Sócrates

Por consiguiente, puesto que yo creo en los demonios, según tu misma confesión, y que los demonios son dioses, he aquí la prueba de lo que yo decía, de que tú nos proponías enigmas para divertirte a mis expensas, diciendo que no creo en los dioses, y que, sin embargo, creo en los dioses, puesto que creo en los demonios. Y si los demonios son hijos de los dioses, hijos bastardos, si se quiere, puesto que se dice que han sido habidos de ninfas o de otros seres mortales, ¿quién es el hombre que pueda creer que hay hijos de dioses, y que no hay dioses? Esto es tan absurdo como creer que hay mulos nacidos de caballos y asnos, y que no hay caballos ni asnos. Así, Melito, no puede menos de que hayas intentado esta acusación contra mí, por sólo probarme, y a falta de pretexto legítimo, por arrastrarme ante el tribunal; porque a nadie que tenga sentido común puedes persuadir jamás de que el hombre que cree que hay cosas concernientes a los dioses y a los demonios, pueda creer, [66] sin embargo, que no hay ni demonios, ni dioses, ni héroes; esto es absolutamente imposible. Pero no tengo necesidad de extenderme más en mi defensa, atenienses, y lo que acabo de decir basta para hacer ver que no soy culpable, y que la acusación de Melito carece de fundamento.

Estad persuadidos, atenienses, de lo que os dije en un principio; de que me he atraído muchos odios, que esta es la verdad, y que lo que me perderá, si sucumbo, no será ni Melito ni Anito, será este odio, esta envidia del pueblo que hace víctimas a tantos hombres de bien, y que harán perecer en lo sucesivo a muchos más; porque no hay que esperar que se satisfagan con el sacrificio sólo de mi persona.

Quizá me dirá alguno: ¿No tienes remordimiento, Sócrates, en haberte consagrado a un estudio que te pone en este momento en peligro de muerte? A este hombre le daré una respuesta muy decisiva, y le diré que se engaña mucho al creer que un hombre de valor tome en cuenta los peligros de la vida o de la muerte. Lo único que debe mirar en todos sus procederes es ver si lo que hace es justo o injusto, si es acción de un hombre de bien o de un malvado. De otra manera se seguiría que los semidioses que murieron en el sitio de Troya debieron ser los más insensatos, y particularmente el hijo de Thetis, que, para evitar su deshonra, despreció el peligro hasta el punto, que impaciente por matar a Héctor y requerido por la Diosa su madre, que le dijo, si mal no me acuerdo: Hijo mío, si vengas la muerte de Patroclo, tu amigo, matando a Héctor, tu morirás porque

Tu muerte debe seguir a la de Héctor;

él, después de esta amenaza, despreciando el peligro y la muerte y temiendo más vivir como un cobarde, sin vengar a sus amigos.

¡Que yo muera al instante![3]

gritó, con tal que castigue al asesino de Patroclo, y que no quede yo deshonrado.

Sentado en mis buques, peso inútil sobre la tierra.[4]

¿Os parece que se inquietaba Thetis del peligro de la muerte? Es una verdad constante, atenienses, que todo hombre que ha escogido un puesto que ha creído honroso, o que ha sido colocado en él por sus superiores, debe mantenerse firme, y no debe temer ni la muerte, ni lo que haya de más terrible, anteponiendo a todo el honor.

Me conduciría de una manera singular y extraña, atenienses, si después de haber guardado fielmente todos los puestos a que me han destinado nuestros generales en Potidea, en Anfípolis y en Delio[5] y de haber expuesto mi vida tantas veces, ahora que el Dios me ha ordenado, porque así lo creo, pasar mis días en el estudio de la filosofía, estudiándome a mí mismo y estudiando a los demás, abandonase este puesto por miedo a la muerte o a cualquier otro peligro. Verdaderamente esta sería una deserción criminal, y me haría acreedor a que se me citara ante este tribunal como un impío, que no cree en los dioses, que desobedece al oráculo, que teme la muerte y que se cree sabio, y que no lo es. Porque temer la muerte, atenienses, no es otra cosa que creerse sabio sin serlo, y creer conocer lo que no se sabe. En efecto, nadie conoce la muerte, ni sabe si es el mayor de los bienes para el hombre. Sin embargo, se la teme, como si se [68] supiese con certeza que es el mayor de todos los males. ¡Ah! ¿No es una ignorancia vergonzante creer conocer una cosa que no se conoce?

Respecto a mí, atenienses, quizá soy en esto muy diferente de todos los demás hombres, y si en algo parezco más sabio que ellos, es porque no sabiendo lo que nos espera más allá de la muerte, digo y sostengo que no lo sé. Lo que sé de cierto es que cometer injusticias y desobedecer al que es mejor y está por cima de nosotros, sea Dios, sea hombre, es lo más criminal y lo más vergonzoso. Por lo mismo yo no temeré ni huiré nunca de males que no conozco y que son quizá verdaderos bienes; pero temeré y huiré siempre de males que sé con certeza que son verdaderos males.

Si, a pesar de las instancias de Anito, quien ha manifestado, que o no haberme traído ante el tribunal, o que una vez llamado no podéis vosotros dispensaros de hacerme morir, porque, dice, que si me escapase de la muerte, vuestros hijos, que son ya afectos a la doctrina de Sócrates, serian irremisiblemente corrompidos, me dijeseis: Sócrates, en nada estimamos la acusación de Anito, y te declaramos absuelto; pero es a condición de que cesarás de filosofar y de hacer tus indagaciones acostumbradas; y si reincides, y llega a descubrirse, tú morirás; si me dieseis libertad bajo estas condiciones, os respondería sin dudar: Atenienses, os respeto y os amo; pero obedeceré a Dios antes que a vosotros, y mientras yo viva no cesaré de filosofar, dándoos siempre consejos, volviendo a mi vida ordinaria, y diciendo a cada uno de vosotros cuando os encuentre: buen hombre, ¿cómo siendo ateniense y ciudadano de la más grande ciudad del mundo por su sabiduría y por su valor, cómo no te avergüenzas de no haber pensado más que en amontonar riquezas, en adquirir crédito y honores, de despreciar los tesoros de la verdad y de la sabiduría, y de no [69] trabajar para hacer tu alma tan buena como pueda serlo? Y si alguno me niega que se halla en este estado, y sostiene que tiene cuidado de su alma, no se lo negaré al pronto, pero le interrogaré, le examinaré, le refutaré; y si encuentro que no es virtuoso, pero que aparenta serlo, le echaré en cara que prefiere cosas tan abyectas y tan perecibles a las que son de un precio inestimable.

He aquí de qué manera hablaré a los jóvenes y a los viejos, a los ciudadanos y a los extranjeros, pero principalmente a los ciudadanos; porque vosotros me tocáis más de cerca, porque es preciso que sepáis que esto es lo que el Dios me ordena, y estoy persuadido de que el mayor bien, que ha disfrutado esta ciudad, es este servicio continuo que yo rindo al Dios. Toda mi ocupación es trabajar para persuadiros, jóvenes y viejos, que antes que el cuidado del cuerpo y de las riquezas, antes que cualquier otro cuidado, es el del alma y de su perfeccionamiento; porque no me canso de deciros que la virtud no viene de las riquezas, sino por el contrario, que las riquezas vienen de la virtud, y que es de aquí de donde nacen todos los demás bienes públicos y particulares.

Si diciendo estas cosas corrompo la juventud, es preciso que estas máximas sean una ponzoña, porque si se pretende que diga otra cosa, se os engaña o se os impone. Dicho esto no tengo nada que añadir. Haced lo que pide Anito, o no lo hagáis; dadme libertad, o no me la deis; yo no puedo hacer otra cosa, aunque hubiera de morir mil veces... Pero no murmuréis, atenienses, y concededme la gracia que os pedí al principio: que me escuchéis con calma; calma que creo que no os será infructuosa, porque tengo que deciros otras muchas cosas que quizá os harán murmurar; pero no os dejéis llevar de vuestra pasión. Estad persuadidos de que si me hacéis morir en el supuesto de lo que os acabo de declarar, el mal [70] no será sólo para mí. En efecto, ni Anito, ni Melito pueden causarme mal alguno, porque el mal no puede nada contra el hombre de bien. Me harán quizá condenar a muerte, o a destierro, o a la pérdida de mis bienes y de mis derechos de ciudadano; males espantosos a los ojos de Melito y de sus amigos; pero yo no soy de su dictamen. A mi juicio, el más grande de todos los males es hacer lo que Anito hace en este momento, que es trabajar para hacer morir un inocente.

En este momento, atenienses, no es en manera alguna por amor a mi persona por lo que yo me defiendo, y sería un error el creerlo así; sino que es por amor a vosotros; porque condenarme sería ofender al Dios y desconocer el presente que os ha hecho. Muerto yo, atenienses, no encontrareis fácilmente otro ciudadano que el Dios conceda a esta ciudad (la comparación os parecerá quizá ridícula) como a un corcel noble y generoso, pero entorpecido por su misma grandeza, y que tiene necesidad de espuela que le excite y despierte. Se me figura que soy yo el que Dios ha escogido para excitaros, para punzaros, para predicaros todos los días, sin abandonaros un solo instante. Bajo mi palabra, atenienses, difícil será que encontréis otro hombre que llene esta misión como yo; y si queréis creerme, me salvareis la vida.

Pero quizá fastidiados y soñolientos desechareis mi consejo, y entregándoos a la pasión de Anito me condenareis muy a la ligera. ¿Qué resultará de esto? Que pasareis el resto de vuestra vida en un adormecimiento profundo, a menos que el Dios no tenga compasión de vosotros, y os envíe otro hombre que se parezca a mí.

Que ha sido Dios el que me ha encomendado esta misión para con vosotros es fácil inferirlo, por lo que os voy a decir. Hay un no sé qué de sobrehumano en el hecho de haber abandonado yo durante tantos años mis propios negocios por consagrarme a los vuestros, [71] dirigiéndome a cada uno de vosotros en particular, como un padre o un hermano mayor puede hacerlo, y exhortándoos sin cesar a que practiquéis la virtud.

Si yo hubiera sacado alguna recompensa de mis exhortaciones, tendríais algo que decir; pero veis claramente que mis mismos acusadores, que me han calumniado con tanta impudencia, no han tenido valor para echármelo en cara, y menos para probar con testigos que yo haya exigido jamás ni pedido el menor salario, y en prueba de la verdad de mis palabras os presento un testigo irrecusable, mi pobreza.

Quizá parecerá absurdo que me haya entrometido a dar a cada uno en particular lecciones, y que jamás me haya atrevido a presentarme en vuestras asambleas, para dar mis consejos a la patria. Quien me lo ha impedido, atenienses, ha sido este demonio familiar, esta voz divina de que tantas veces os he hablado, y que ha servido a Melito para formar donosamente un capítulo de acusación. Este demonio se ha pegado a mí desde mi infancia; es una voz que no se hace escuchar sino cuando quiere separarme de lo que he resuelto hacer, porque jamás me excita a emprender nada. Ella es la que se me ha opuesto siempre, cuando he querido mezclarme en los negocios de la república; y ha tenido razón, porque ha largo tiempo, creedme atenienses, que yo no existiría, si me hubiera mezclado en los negocios públicos, y no hubiera podido hacer las cosas que he hecho en beneficio vuestro y el mío. No os enfadéis, os suplico, si no os oculto nada; todo hombre que quiera oponerse franca y generosamente a todo un pueblo, sea el vuestro o cualquiera otro, y que se empeñe en evitar que se cometan iniquidades en la república, no lo hará jamás impunemente. Es preciso de toda necesidad, que el que quiere combatir por la justicia, por poco que quiera vivir, sea sólo simple particular y no hombre público. Voy a daros pruebas magníficas [72] de esta verdad, no con palabras, sino con otro recurso que estimáis más, con hechos.

Oíd lo que a mí mismo me ha sucedido, para que así conozcáis cuán incapaz soy de someterme a nadie yendo contra lo que es justo por temor a la muerte, y como no cediendo nunca, es imposible que deje yo de ser víctima de la injusticia. Os referiré cosas poco agradables, mucho más en boca de un hombre, que tiene que hacer su apología, pero que son muy verdaderas.

Ya sabéis, atenienses, que jamás he desempeñado ninguna magistratura, y que tan sólo he sido senador. La tribu Antioquida, a la que pertenezco, estaba en turno en el Pritaneo, cuando contra toda ley os empeñasteis en procesar, bajo un contesto, a los diez generales que no habían enterrado los cuerpos de los ciudadanos muertos en el combate naval de las Arginusas[6]; injusticia que reconocéis y de la que os arrepentisteis despees. entonces fui el único senador que se atrevió a oponerse a vosotros para impedir esta violación de las leyes. Protesté contra vuestro decreto, y a pesar de los oradores que se preparaban para denunciarme, a pesar de vuestras amenazas y vuestros gritos, quise más correr este peligro con la ley y la justicia, que consentir con vosotros en tan insigne iniquidad, sin que me arredraran ni las cadenas, ni la muerte.

Esto acaeció cuando la ciudad era gobernada por el pueblo, pero después que se estableció la oligarquía, habiéndonos mandado los treinta tiranos a otros cuatro y a mí a Tolos[7], nos dieron la orden de conducir desde Salamina a León el salamantino, para hacerle morir, [73] porque daban estas ordenes a muchas personas para comprometer el mayor número de ciudadanos posible en sus iniquidades; y entonces yo hice ver, no con palabras sino con hechos, que la muerte a mis ojos era nada, permítaseme esta expresión, y que mi único cuidado consistía en no cometer impiedades e injusticias. Todo el poder de estos treinta tiranos, por terrible que fuese, no me intimidó, ni fue bastante para que me manchara con tan impía iniquidad.

Cuando salimos de Tolos, los otro cuatro fueron a Salamina y condujeron aquí a León, y yo me retiré a mi casa, y no hay que dudar, que mi muerte hubiera seguido a mi desobediencia, si en aquel momento no se hubiera verificado la abolición de aquel gobierno. Existe un gran número de ciudadanos que pueden testimoniar de mi veracidad.

¿Creéis que hubiera yo vivido tantos años si me hubiera mezclado en los negocios de la república, y como hombre de bien hubiera combatido toda clase de intereses bastardos, para dedicarme exclusivamente a defender la justicia? Esperanza vana, atenienses; ni yo ni ningún otro hubiera podido hacerlo. Pero la única cosa que me he propuesto toda mi vida en público y en particular es no ceder ante nadie, sea quien fuere, contra la justicia, ni ante esos mismos tiranos que mis calumniadores quieren convertir en mis discípulos.

Jamás he tenido por oficio el enseñar, y si ha habido algunos jóvenes o ancianos que han tenido deseo de verme a la obra y oír mis conversaciones, no les he negado esta satisfacción, porque como no es mercenario mi oficio, no rehúso el hablar, aun cuando con nada se me retribuye y estoy dispuesto siempre a espontanearme con ricos y pobres, dándoles toda anchura para que me pregunten, y, si lo prefieren, para que me respondan a las cuestiones que yo suscite. [74]

Y si entre ellos hay algunos que se han hecho hombres de bien o pícaros, no hay que alabarme ni reprenderme por ello, porque no soy yo la causa, puesto que jamás he prometido enseñarles nada, y de hecho nada les he enseñado; y si alguno se alaba de haber recibido lecciones privadas u oído de mí cosas distintas de las que digo públicamente a todo el mundo, estad persuadidos de que no dice la verdad.

Ya sabéis, atenienses, por qué la mayor parte de las gentes gustan escucharme y conversar detenidamente conmigo; os he dicho la verdad pura, y es porque tienen singular placer en combatir con gentes que se tienen por sabias y que no lo son; combates que no son desagradables para los que los dirigen. Como os dije antes, es el Dios mismo el que me ha dado esta orden por medio de oráculos, por sueños y por todos los demás medios de que la Divinidad puede valerse para hacer saber a los hombres su voluntad.

Si lo que digo no fuese cierto, os sería fácil convencerme de ello; porque si yo corrompía los jóvenes, y de hecho estuviesen ya corrompidos, sería preciso que los más avanzados en edad, y que saben en conciencia que les he dado perniciosos consejos en su juventud, se levantasen contra mí y me hiciesen castigar; y si no querían hacerlo, sería un deber en sus parientes, como sus padres, sus hermanos, sus tíos, venir a pedir venganza contra el corruptor de sus hijos, de sus sobrinos, de sus hermanos. Veo muchos que están presentes, como Criton, que es de mi pueblo y de mi edad, padre de Critobulo, que aquí se halla; Lisanias de Sfettios, padre de Esquines, también presente; Antifon, también del pueblo de Cefisa y padre de Epigenes; y muchos otros, cuyos hermanos han estado en relación conmigo, como Nicostrates, hijo de Zotidas y hermano de Teodoto, que ha muerto y que por lo tanto no tiene necesidad del socorro [75] de su hermano. Veo también a Parales, hijo de Demodoco y hermano de Teages; Adimanto, hijo de Ariston con su hermano Platón, que tenéis delante; Eartodoro, hermano de Apolodoro[8] y muchos más, entre los cuales está obligado Melito a tomar por lo menos uno o dos para testigos de su causa.

Si no ha pensado en ello, aún es tiempo; yo le permito hacerlo; que diga, pues, si puede; pero no puede, atenienses. Veréis que todos estos están dispuestos a defenderme, a mí que he corrompido y perdido enteramente a sus hijos y hermanos, si hemos de creer a Melito y a Anito. No quiero hacer valer la protección de los que he corrompido, porque podrían tener sus razones para defenderme; pero sus padres, que no he seducido y que tienen ya cierta edad, ¿qué otra razón pueden tener para protegerme más que mi derecho y mi inocencia? ¿No saben que Melito es un hombre engañoso, y que yo no digo más que la verdad? He aquí, atenienses, las razones de que puedo valerme para mi defensa; las demás que paso en silencio son de la misma naturaleza.

Pero quizá habrá alguno entre vosotros, que acordándose de haber estado en el puesto en que yo me hallo, se irritará contra mí, porque peligros mucho menores los ha conjurado, suplicando a sus jueces con lágrimas, y, para excitar más la compasión, haciendo venir aquí sus hijos, sus parientes y sus amigos, mientras que yo no he querido recurrir a semejante aparato, a pesar de las señales que se advierten de que corro el mayor de todos los peligros. Quizá presentándose a su espíritu esta diferencia, les agriará contra mí, y dando en tal situación su voto, le darán con indignación. [76] Si hay alguno que abrigue estos sentimientos, lo que no creo, y sólo lo digo en hipótesis, la excusa más racional de que puedo valerme con él es decirle: amigo mío, tengo también parientes, porque para servirme de la expresión de Homero,

Yo no he salido de una encina o de una roca[9]

sino que he nacido como los demás hombres. De suerte, atenienses, que tengo parientes y tengo tres hijos, de los cuales el mayor está en la adolescencia y los otros dos en la infancia, y sin embargo, no les haré comparecer aquí para comprometeros a que me absolváis.

¿Por qué no lo haré? No es por una terquedad altanera, ni por desprecio hacia vosotros; y dejo a un lado si miro la muerte con intrepidez o con debilidad, porque esta es otra cuestión; sino que es por vuestro honor y por el de toda la ciudad. No me parece regular ni honesto que vaya yo a emplear esta clase de medios a la edad que tengo y con toda mi reputación verdadera o falsa; basta que la opinión generalmente recibida sea que Sócrates tiene alguna ventaja sobre la mayor parte de los hombres. Si los que entre vosotros pasan por ser superiores a los demás por su sabiduría, su valor o por cualquiera otra virtud se rebajasen de esta manera, me avergüenzo decirlo, como muchos que he visto, que habiendo pasado por grandes personajes, hacían, sin embargo, cosas de una bajeza sorprendente cuando se los juzgaba, como si estuviesen persuadidos de que sería para ellos un gran mal si les hacían morir, y de que se harían inmortales si los absolvían; repito que obrando así, harían la mayor afrenta a esta ciudad, porque darían lugar a que los extranjeros creyeran, que los más virtuosos, de entre los atenienses, preferidos para obtener los más altos honores y dignidades [77] por elección de los demás, en nada se diferenciaban de miserables mujeres; y esto no debéis hacerlo, atenienses, vosotros que habéis alcanzado tanta nombradía; y si quisiéramos hacerlo, estáis obligados a impedirlo y declarar que condenareis más pronto a aquel que recurra a estas escenas trágicas para mover a compasión, poniendo en ridículo vuestra ciudad, que a aquel que espere tranquilamente la sentencia que pronunciéis.

Pero sin hablar de la opinión, atenienses, no me parece justo suplicar al juez ni hacerse absolver a fuerza de súplicas. Es preciso persuadirle y convencerle, porque el juez no está sentado en su silla para complacer violando la ley, sino para hacer justicia obedeciéndola. Así es como lo ha ofrecido por juramento, y no está en su poder hacer gracia a quien le agrade, porque está en la obligación de hacer justicia. No es conveniente que os acostumbremos al perjurio, ni vosotros debéis dejaros acostumbrar; porque los unos y los otros seremos igualmente culpables para con los dioses.

No esperéis de mí, atenienses, que yo recurra para con vosotros a cosas que no tengo por buenas, ni justas, ni piadosas, y menos que lo haga en una ocasión en que me veo acusado de impiedad por Melito; porque si os ablandase con mis súplicas y os forzase a violar vuestro juramento, sería evidente que os enseñaría a no creer en los dioses, y, queriendo justificarme, probaría contra mí mismo, que no creo en ellos. Pero es una fortuna atenienses, que esté yo en esta creencia. Estoy más persuadido de la existencia de Dios que ninguno de mis acusadores; y es tan grande la persuasión, que me entrego a vosotros y al Dios de Delfos, a fin de que me juzguéis como creáis mejor para vosotros y para mí. [78]

(Terminada la defensa de Sócrates, los jueces, que eran 556, procedieron a la votación y resultaron 281 votos en contra y 275 en favor; y Sócrates, condenado por una mayoría de seis votos, tomó la palabra y dijo:)

No creáis, atenienses, que me haya conmovido el fallo que acabáis de pronunciar contra mí, y esto por muchas razones; la principal, porque ya estaba preparado para recibir este golpe. Mucho más sorprendido estoy con el número de votantes en pro y en contra, y no esperaba verme condenado por tan escaso número de votos. Advierto que sólo por tres votos no he sido absuelto. Ahora veo que me he librado de las manos de Melito; y no sólo librado, sino que os consta a todos que si Anito y Licon no se hubieran levantado para acusarme, Melito hubiera pagado 6.000 dracmas[10] por no haber obtenido la quinta parte de votos.

Melito me juzga digno de muerte; en buen hora. ¿Y yo de qué pena[11] me juzgaré digno? Veréis claramente, atenienses, que yo no escojo más que lo que merezco. ¿Y cuál es? ¿A qué pena, a qué multa voy a condenarme por no haber callado las cosas buenas que aprendí durante toda mi vida; por haber despreciado lo que los demás buscan con tanto afán, las riquezas, el cuidado de los negocios domésticos, los empleos y las dignidades; por no haber entrado jamás en ninguna cábala, ni en ninguna conjuración, prácticas bastante ordinarias en esta ciudad; por ser conocido como hombre, de bien, no queriendo conservar mi vida valiéndome de medios tan indignos? Por otra parte, sabéis que jamás he querido tomar ninguna profesión en la que pudiera trabajar al mismo tiempo en [79] provecho vuestro y en el mío, y que mi único objeto ha sido procuraros a cada uno de vosotros en particular el mayor de todos los bienes, persuadiéndoos a que no atendáis a las cosas que os pertenecen antes que al cuidado de vosotros mismos, para haceros más sabios y más perfectos, lo mismo que es preciso tener cuidado de la existencia de la república antes de pensar en las cosas que la pertenecen, y así de lo demás.

Dicho esto, ¿de qué soy digno? De un gran bien sin duda, atenienses, si proporcionáis verdaderamente la recompensa al mérito; de un gran bien que pueda convenir a un hombre tal como yo. ¿Y qué es lo que conviene a un hombre pobre, que es vuestro bienhechor, y que tiene necesidad de un gran desahogo para ocuparse en exhortaros? Nada le conviene tanto, atenienses, como el ser alimentado en el Pritaneo y esto le es más debido que a los que entre vosotros han ganado el premio en las corridas de caballos y carros en los juegos olímpicos[12]; porque éstos con sus victorias hacen que aparezcamos felices, y yo os hago, no en la apariencia, sino en la realidad. Por otra parte, éstos no tienen necesidad de este socorro, y yo la tengo. Si en justicia es preciso adjudicarme una recompensa digna de mí, esta es la que merezco, el ser alimentado en el Pritaneo.

Al hablaros así, atenienses, quizá me acusareis de que lo hago con la terquedad y arrogancia con que deseché antes los lamentos y las súplicas. Pero no hay nada de eso.

El motivo que tengo es, atenienses, que abrigo la convicción de no haber hecho jamás el menor daño a nadie queriéndolo y sabiéndolo. No puedo hoy persuadiros de ello, porque el tiempo que me queda es muy corto. Si [80] tuvieseis una ley que ordenase que un juicio de muerte durara muchos días, como se practica en otras partes, y no uno solo, estoy persuadido que os convencería. ¿Pero qué medio hay para destruir tantas calumnias en un tan corto espacio de tiempo? Estando convencidísimo de que no he hecho daño a nadie, ¿cómo he de hacérmelo a mí mismo, confesando que merezco ser castigado, e imponiéndome a mí mismo una pena? ¡Qué! ¿Por no sufrir el suplicio a que me condena Melito, suplicio que verdaderamente no sé si es un bien o un mal, iré yo a escoger alguna de esas penas, que sé con certeza que es un mal, y me condenaré yo mismo a ella? ¿Será quizá una prisión perpetua? ¿Y qué significa vivir siempre yo esclavo de los Once?[13] ¿Será una multa y prisión hasta que la haya pagado? Esto equivale a lo anterior, porque no tengo con qué pagarla. ¿Me condenaré a destierro? Quizá confirmaríais mi sentencia. Pero era necesario que me obcecara bien el amor a la vida, atenienses, si no viera que si vosotros, que sois mis conciudadanos, no habéis podido sufrir mis conversaciones ni mis máximas, y de tal manera os han irritado que no habéis parado hasta deshaceros de mí, con mucha más razón los de otros países no podrían sufrirme. ¡Preciosa vida para Sócrates, si a sus años, arrojado de Atenas, se viera errante de ciudad en ciudad como un vagabundo y como un proscrito! Sé bien, que, a do quiera que vaya, los jóvenes me escucharán, como me escuchan en Atenas; pero si los rechazo harán que sus padres me destierren; y si no los rechazo, sus padres y parientes me arrojarán por causa de ellos.

Pero me dirá quizá alguno: —¡Qué!, Sócrates, ¿si marchas desterrado no podrás mantenerte en reposo y guardar silencio? Ya veo que este punto es de los más [81] difíciles para hacerlo comprender a alguno de vosotros, porque si os digo que callar en el destierro sería desobedecer a Dios, y que por esta razón me es imposible guardar silencio, no me creeríais y miraríais esto como una ironía; y si por otra parte os dijese que el mayor bien del hombre es hablar de la virtud todos los días de su vida y conversar sobre todas las demás cosas que han sido objeto de mis discursos, ya sea examinándome a mí mismo, ya examinando a los demás, porque una vida sin examen no es vida, aún me creeríais menos. Así es la verdad, ateniense, por más que se os resista creerla. En fin, no estoy acostumbrado a juzgarme acreedor a ninguna pena. Verdaderamente si fuese rico, me condenaría a una multa tal, que pudiera pagarla, porque esto no me causaría ningún perjuicio; pero no puedo, porque nada tengo, a menos que no queráis que la multa sea proporcionada a mi indigencia, y en este concepto podría extenderme hasta una mina de plata, y a esto es a lo que yo me condeno. Pero Platón, que está presente, Criton, Critobulo y Apolodoro; quieren que me extienda hasta treinta minas, de que ellos responden. Me condeno pues a treinta minas, y he aquí mis fiadores, que ciertamente son de mucho abono.

(Habiéndose Sócrates condenado a sí mismo a la multa por obedecer a la ley, los jueces deliberaron y le condenaron a muerte, y entonces Sócrates tomó la palabra y dijo:)

En verdad, atenienses, por demasiada impaciencia y precipitación vais a cargar con un baldón y dar lugar a vuestros envidiosos enemigos a que acusen a la república de haber hecho morir a Sócrates, a este hombre sabio, porque para agravar vuestra vergonzosa situación, ellos me llamarán sabio aunque no lo sea. En lugar de que si [82] hubieseis tenido un tanto de paciencia, mi muerte venía de suyo, y hubieseis conseguido vuestro objeto, porque ya veis que en la edad que tengo estoy bien cerca de la muerte. No digo esto por todos los jueces, sino tan sólo por los que me han condenado a muerte, y a ellos es a quienes me dirijo. ¿Creéis que yo hubiera sido condenado, si no hubiera reparado en los medios para defenderme? ¿Creéis que me hubieran faltado palabras insinuantes y persuasivas? No son las palabras, atenienses, las que me han faltado; es la impudencia de no haberos dicho cosas que hubierais gustado mucho de oír. Hubiera sido para vosotros una gran satisfacción haberme visto lamentar, suspirar, llorar, suplicar y cometer todas las demás bajezas que estáis viendo todos los días en los acusados. Pero en medio del peligro, no he creído que debía rebajarme a un hecho tan cobarde y tan vergonzoso, y después de vuestra sentencia no me arrepiento de no haber cometido esta indignidad, porque quiero más morir después de haberme defendido como me he defendido, que vivir por haberme arrastrado ante vosotros. Ni en los tribunales de justicia, ni en medio de la guerra, debe el hombre honrado salvar su vida por tales medios. Sucede muchas veces en los combates, que se puede salvar la vida muy fácilmente, arrojando las armas y pidiendo cuartel al enemigo, y lo mismo sucede en todos los demás peligros; hay mil expedientes para evitar la muerte; cuando está uno en posición de poder decirlo todo o hacerlo todo. ¡Ah! Atenienses, no es lo difícil evitar la muerte; lo es mucho más evitar la deshonra, que marcha más ligera que la muerte. Esta es la razón, porque, viejo y pesado como estoy, me he dejado llevar por la más pesada de las dos, la muerte; mientras que la más ligera, el crimen, esta adherida a mis acusadores, que tienen vigor y ligereza. Yo voy a sufrir la muerte, a la que me habéis condenado, pero ellos sufrirán la iniquidad y la infamia a que la [83] verdad les condena. Con respecto a mí, me atengo a mi castigo, y ellos se atendrán al suyo. En efecto, quizá las cosas han debido pasar así, y en mi opinión no han podido pasar de mejor modo.

¡Oh vosotros!, que me habéis condenado a muerte, quiero predeciros lo que os sucederá, porque me veo en aquellos momentos, cuando la muerte se aproxima, en que los hombres son capaces de profetizar el porvenir. Os lo anuncio, vosotros que me hacéis morir, vuestro castigo no tardará, cuando yo haya muerto, y será, ¡por Júpiter!, más cruel que el que me imponéis. En deshaceros de mí, sólo habéis intentado descargares del importuno peso de dar cuenta de vuestra vida, pero os sucederá todo lo contrario; yo os lo predigo.

Se levantará contra vosotros y os reprenderá un gran número de personas, que han estado contenidas por mi presencia, aunque vosotros no lo apercibíais; pero después de mi muerte serán tanto más importunos y difíciles de contener, cuanto que son más jóvenes; y más os irritareis vosotros, porque si creéis que basta matar a unos para impedir que otros os echen en cara que vivís mal, os engañáis. Esta manera de libertarse de sus censores ni es decente, ni posible. La que es a la vez muy decente y muy fácil es, no cerrar la boca a los hombres, sino hacerse mejor. Lo dicho basta para los que me han condenado, y los entrego a sus propios remordimientos.

Con respecto a los que me habéis absuelto con vuestros votos, atenienses, conversaré con vosotros con el mayor gusto, mientras que los Once estén ocupados, y no se me conduzca al sitio donde deba morir. Concededme, os suplico, un momento de atención, porque nada impide que conversemos juntos, puesto que da tiempo: Quiero deciros, como amigos, una cosa que acaba de sucederme, y explicaros lo que significa. Sí, jueces míos, (y llamándoos así no me engaño en el nombre) me [84] ha sucedido hoy una cosa muy maravillosa. La voz divina de mi demonio familiar que me hacía advertencias tantas veces, y que en las menores ocasiones no dejaba jamás de separarme de todo lo malo que iba a emprender, hoy, que me sucede lo que veis, y lo que la mayor parte de los hombres tienen por el mayor de todos los males, esta voz no me ha dicho nada, ni esta mañana cuando salí de casa, ni cuando he venido al tribunal, ni cuando he comenzado a hablares. Sin embargo, me ha sucedido muchas veces, que me ha interrumpido en medio de mis discursos, y hoy a nada se ha opuesto, haya dicho o hecho yo lo que quisiera. ¿Qué puede significar esto? Voy a decíroslo. Es que hay trazas de que lo que me sucede es un gran bien, y nos engañamos todos sin duda, si creemos que la muerte es un mal. Una prueba evidente de ello es que si yo no hubiese de realizar hoy algún bien, el Dios no hubiera dejado de advertírmelo como acostumbra.

Profundicemos un tanto la cuestión, para hacer ver que es una esperanza muy profunda la de que la muerte es un bien.

Es preciso de dos cosas una: o la muerte es un absoluto anonadamiento y una privación de todo sentimiento, o, como se dice, es un tránsito del alma de un lugar a otro. Si es la privación de todo sentimiento, una dormida pacífica que no es turbada por ningún sueño, ¿qué mayor ventaja puede presentar la muerte? Porque si alguno, después de haber pasado una noche muy tranquila sin ninguna inquietud, sin ninguna turbación, sin el menor sueño, la comparase con todos los demás días y con todas las demás noches de su vida, y se le obligase a decir en conciencia cuántos días y noches había pasado que fuesen más felices que aquella noche; estoy persuadido de que no sólo un simple particular, si no el mismo gran rey, encontraría bien pocos, y le sería muy fácil contarlos. Si la muerte es una cosa semejante, la llamo con razón un [86] bien; porque entonces el tiempo todo entero no es más que una larga noche.

Pero si la muerte es un tránsito de un lugar a otro, y si, según se dice, allá abajo está el paradero de todos los que han vivido, ¿qué mayor bien se puede imaginar, jueces míos? Porque si, al dejar los jueces prevaricadores de este mundo, se encuentran en los infiernos los verdaderos jueces, que se dice que hacen allí justicia, Mines,

Radamanto, Eaco, Triptolemo y todos los demás semidioses que han sido justos durante su vida, ¿no es este el cambio más dichoso? ¿A qué precio no compraríais la felicidad de conversar con Orfeo, Museo, Hesiodo y Homero? Para mí, si es esto verdad, moriría gustoso mil veces. ¿Qué trasporte de alegría no tendría yo cuando me encontrase con Palamedes, con Afax, hijo de Telamon, y con todos los demás héroes de la antigüedad, que han sido víctimas de la injusticia? ¡Qué placer el poder comparar mis aventuras con las suyas! Pero aún sería un placer infinitamente más grande para mí pasar allí los días, interrogando y examinando a todos estos personajes, para distinguir los que son verdaderamente sabios de los que creen serlo y no lo son. ¿Hay alguno, jueces míos, que no diese todo lo que tiene en el mundo por examinar al que condujo un numeroso ejército contra Troya o Ulises o Sisifo y tantos otros, hombres y mujeres, cuya conversación y examen serían una felicidad inexplicable? Estos no harían morir a nadie por este examen, porque además de que son más dichosos que nosotros en todas las cosas, gozan de la inmortalidad, si hemos de creer lo que se dice.

Esta es la razón, jueces míos, para que nunca perdáis las esperanzas aún después de la tumba, fundados en esta verdad; que no hay ningún mal para el hombre de bien, ni durante su vida, ni después de su muerte; y que los dioses tienen siempre cuidado de cuanto tiene relación con [86] él; porque lo que en este momento me sucede a mí no es obra del azar, y estoy convencido de que el mejor partido para mí es morir desde luego y libertarme así de todos los disgustos de esta vida. He aquí por qué la voz divina nada me ha dicho este día. No tengo ningún resentimiento contra mis acusadores, ni contra los que me han condenado, aun cuando no haya sido su intención hacerme un bien, sino por el contrario hacerme un mal, lo que sería un motivo para quejarme de ellos. Pero sólo una gracia tengo que pedirles. Cuando mis hijos sean mayores, os suplico los hostiguéis, los atormentéis, como yo os he atormentado a vosotros, si veis que prefieren las riquezas a la virtud, y que se creen algo cuando no son nada; no dejéis de sacarlos a la vergüenza, si no se aplican a lo que deben aplicarse, y creen ser lo que no son; porque así es como yo he obrado con vosotros. Si me concedéis esta gracia, lo mismo yo que mis hijos no podremos menos de alabar vuestra justicia. Pero ya es tiempo de que nos retiremos de aquí, yo para morir, vosotros para vivir. ¿Entre vosotros y yo, quién lleva la mejor parte? Esto es lo que nadie sabe, excepto Dios.

{1} Los últimos acusadores de Sócrates fueron Anito, que murió después lapidado en el Ponto, Licon, que sostuvo la acusación, y Melito. Véase a Eutifron.

{2} Se llamaban así los poetas que hacían himnos en honor de Baco.

{3} Homero, Ilíada, lib. 18, v. 96-98.

{4} Homero, Ilíada, lib. 18, v. 104.

{5} Sócrates se distinguió por su valor en los dos primeros sitios, y en la batalla de Delio salvó la vida a Xenofonte, su discípulo, y a Alcibíades.

{6} Este combate fue dado por Cellicratidas, general de los lacedemonios, contra los diez generales atenienses. Estos últimos consiguieron la victoria.

{7} Tolos era la sala de despacho de los Pritaneos o senadores.

{8} Cuando Sócrates fue condenado, Apolodoro exclamó: ¡Sócrates, lo que me aflige más es verte morir inocente! Sócrates, pasándole la mano suavemente por la cabeza, le dijo con la risa en los labios: ¡Amigo mío!, ¿querrías más verme morir culpable?

{9} Odisea, lib. 19, v. 163.

{10} Era preciso que el acusador obtuviese la mitad más una quinta parte de votos.

{11} La ley permitía al acusado condenarse a una de estas tres penas; prisión perpetua, multa, destierro. Sócrates no cayó en este lazo.

{12} Los ciudadanos de grandes servicios eran mantenidos en el Pritaneo con los cincuenta senadores en ejercicio.

{13} Eran los magistrados encargados de la vigilancia de las prisiones.

ANTÍGONA

Una propuesta para el uso del teatril como
una estrategia de lectura académica.

Gustavo de la Rosa Hickerson

ANTIGONA DE SOFOCLES

ADAPTACION PARA SU LECTURA Y
REFLEXION JURIDICA EN TEATRIL

Personajes:

Antígona, hija de Edipo.
Ismene, hija de Edipo.
Narrador   Creonte, rey de Tebas, tío de Antígona
Corifeo   Guardián.
Hemón. Hijo de Creonte.
Tiresias, adivino, anciano y ciego.
Comentarista

PRIMERA ESCENA

ANTÍGONA.

Hermana de mi misma sangre, Ismene querida, tú que conoces las desgracias de la casa de Edipo, ¿sabes de alguna de ellas que Zeus no hay a cumplido después de nacer nosotras dos?

¡No!, no hay vergüenza ni infamia, no hay cosa insufrible ni nada que se aparte de la mala suerte, que no vea yo entre nuestras desgracias, tuyas y mías;

Y hoy, encima, ¿qué sabes de este edicto que dicen que el estratego acaba de imponer a todos los ciudadanos?

¿Te has enterado ya? O ¿no sabes los males inminentes que enemigos tramaron contra seres queridos?

ISMENE

No, Antígona, a mí no me ha llegado noticia alguna de seres queridos, ni dulce ni dolorosa, desde que nos vimos las dos privadas de nuestros dos hermanos, por doble, recíprocos golpes fallecidos en un solo día.

Después de partir el ejército argivo, esa misma noche, no sé ya nada que pueda hacerme ni más feliz ni más desgraciada.

SE CONGELAN Y ENTRA EL NARRADOR

Así veo la casa de los Lablácidas:

Cómo se abaten sobre ellos las penas de los ya fallecidos: ninguna generación liberará a la siguiente, porque algún dios la aniquila, y no hay salida.

El rey Edipo, padre de Antígona, Ismene, Etéocles y Polinice, murió, aborrecido, deshonrado, después de cegarse él mismo sus dos ojos, enfrentado a faltas que él mismo tuvo que descubrir.

Que habiendo matado sin saberlo a su propio padre, casó con la mujer que amaba descubriendo después que era al mismo tiempo su madre, su esposa y la madre de sus hijos.

Ella también doblada por el dolor pone fin a su vida ahorcándose con entrelazada soga.

Ahora, cuando una luz de esperanza cubría a los últimos vástagos de la casa de Edipo;

De nuevo, el hacha homicida de algún dios subterráneo la siega.

Antígona ilusionada había sido prometida a Hemón, hijo de Creonte y la boda había sido acordada.

Pero Polinice, se levantó contra Tebas por dudosas querellas y con agudísimo estruendo, como águila que se cierne sobre su víctima, cubierto por multitud de armas y cascos y crines de caballos llegó hasta las murallas.

Etéocles, valiente entre los bravos se puso al frente en la defensa de su ciudad.

¡En feroz duelo se enfrentaron!

Y en un solo día los dos, míseros nacidos de un mismo padre y una misma madre, consuman, desgraciados, su destino, levantaron, el uno contra el otro, sus lanzas y ambos lograron una muerte común el uno por mano del otro asesinados.

Se han dado muerte, acto fratricida que a la vez causaron y sufrieron.

Muerto Etéocles en combate, en el campo mismo ha recibido Creonte el poder del ejército en razón de su parentesco con los caídos, y por la experiencia de gobierno que tenía.

Creonte era digno de envidia: había salvado de sus enemigos a esta tierra de Cadmo, se había hecho con todo el poder, sacaba adelante la ciudad y florecía en la noble siembra de sus hijos. Pero, acrecentó su heredad, y se convirtió en un tirano.

ANTÍGONA

No me cabía duda, y por esto te traje aquí, superado el umbral de palacio, para que me escucharas, tú sola.

ISMENE

¿Qué pasa? Se ve que lo que vas a decirme te ensombrece.

ANTÍGONA

Y, ¿cómo no? Pues ¿No ha juzgado Creonte digno de honores sepulcrales a uno de nuestros hermanos, y al otro tiene en cambio deshonrado?

Es lo que dicen:

A Etéocles le ha parecido justo tributarle, las acostumbradas honras, y le ha hecho enterrar de forma que con honor le reciban los dioses bajo tierra.

Al pobre cadáver de Polinice, en cambio, dicen que un edicto dio a los ciudadanos prohibiendo que alguien le dé sepultura, que alguien le llore, incluso.

¡Dejarle allí, sin duelo, insepulto, dulce tesoro a merced de las aves que busquen donde cebarse!.

Y esto es, dicen, lo que el buen Creonte tiene decretado, también para ti y para mí, sí, también para mí; y que heraldos vienen hacia aquí, para anunciarlo con toda claridad a los que no lo saben todavía,

Que no es asunto de poca monta, y sanción la hay, el que transgreda alguna de estas órdenes será reo de muerte, públicamente lapidado en la ciudad.

Estos son los términos de la cuestión: ya no te queda sino mostrar si haces honor a tu linaje o si eres indigna de tus ilustres antepasados.

ISMENE

No seas atrevida: Si las cosas están así, ate yo o desate en ellas, ¿qué podría ganarse?

ANTÍGONA

¿Puedo contar con tu esfuerzo, con tu ayuda? Piénsalo.

ISMENE

¿Qué atrevida empresa tramas? ¿Adónde va tu pensamiento?

ANTÍGONA

Quiero saber si vas a ayudar a mi mano a alzar al muerto.

ISMENE

Pero, ¿es que piensas darle sepultura, sabiendo que públicamente se ha prohibido?

ANTÍGONA

Es mi hermano —y también tuyo, aunque tú no quieras—; cuando me prendan, nadie podrá llamarme traidora.

ISMENE

¡Y contra lo ordenado por Creonte, ay, audacísima!

ANTÍGONA

El no tiene potestad para apartarme de los míos.

ISMENE

Ay, reflexiona, hermana, piensa:
Nuestro padre, cómo murió,
Como nuestra madre y
Como nuestros hermanos.
Y ahora, que solas nosotras dos quedamos,

Piensa que ignominioso fin tendremos si violamos lo prescrito y trasgredimos la voluntad de los que mandan.

¡No!, hay que aceptar los hechos: Que somos dos mujeres, incapaces de luchar contra hombres que tienen el poder, los que dan órdenes, y hay que obedecerlas—éstas y todavía otras más dolorosas.—

Yo, con todo, pido, si, a los que yacen bajo tierra su perdón, pues que obro forzada, pero pienso obedecer a las autoridades

Esforzarse en no obrar como todos carece de sentido, totalmente.

(Se retiran)

Sale del palacio, con séquito, Creonte.

CORO completo (todos menos Creonte)

Pero he aquí al rey de esta tierra, Creonte, hijo de Meneceo, que se acerca, nuevo caudillo por las nuevas circunstancias reclamado;

¿Para que proyecto debatiendo nos habrá congregado, a esta asamblea de ancianos, que aquí en común hemos acudido a su llamada?

CREONTE

Ancianos, el timón de la ciudad que los dioses bajo tremenda tempestad habían conmovido, hoy de nuevo endereza, rumbo cierto.

Si yo por mis emisarios os he mandado aviso, a vosotros entre todos los ciudadanos, de venir aquí, ha sido porque conozco bien vuestro respeto ininterrumpido al gobierno.

Estas son las normas con que me propongo hacer la grandeza de Tebas, y hermanas de ellas las órdenes que hoy he mandado pregonar a los ciudadanos sobre los hijos de Edipo.

A Etéocles, que luchando en favor de la ciudad por ella ha sucumbido, totalmente el primero en el manejo de la lanza, que se le entierre en una tumba y que se le propicie con cuantos sacrificios se dirigen a los mas ilustres muertos, bajo tierra.

Pero a su hermano, a Polinice digo:

"Heraldos he mandado que anuncien que en esta ciudad no se le honra, ni con tumba ni con lágrimas: dejarle insepulto, presa expuesta al azar de las aves y los perros, miserable despojo para los que le vean."

Tal es mi decisión: lo que es por mi, nunca tendrán los criminales el honor que corresponde a los ciudadanos justos; no, por mi parte solo tendrá honores quienquiera que cumpla con el estado, tanto en muerte como en vida.

CORIFEO.

Hijo de Meneceo, obrar así con el amigo y con el enemigo de la ciudad, ése es tu gusto, y...

CORO completo (todos menos Creonte)

¡Si!, puedes hacer uso de la ley como quieras, sobre los muertos y sobre los que vivimos todavía.

CREONTE.

Y ahora, pues, como guardianes de las órdenes dadas...

CORIFEO.

Imponle a uno mas joven que soporte este peso.

CREONTE.

No es eso: ya hay hombres encargados de la custodia del cadáver.

CORO completo (todos menos Creonte)

Entonces, si es así, ¿qué otra cosa quieres aún recomendarnos?

CREONTE.

Que no condescendáis con los infractores de mis órdenes.

CORO completo (todos menos Creonte)

Nadie hay tan loco que desee la muerte.

COMENTARISTA

HE AQUÍ QUE SOFOCLES HA DESCRITO EN TERMINOS MUY PRECISOS A LA NORMA JURIDICA POSITIVA:

SE TRATA DE UNA ORDEN DE CONDUCTA: ABSTENERSE DE SEPULTAR Y RENDIR DUELO A POLINICE.

ORDEN EMITIDA POR LA AUTORIDAD FACULTADA PARA ELLO: EL REY

QUE REUNE LAS FORMALIDADES NECESARIAS: ES UN EDICTO O DECRETO. (ES LA ESPECIE DE LAS NORMAS EJECUTIVAS)

QUE HA SIDO LEGALMENTE PUBLICITADA:

LOS HERALDOS HAN RECORRIDO LA CIUDAD COMUNICANDOLA A LOS CIUDADANOS DE TEBAS, ISMENE Y ANTIGONA MISMAS RECONOCEN TENER CONOCIMIENTO DE ESE EDICTO.

TIENE TÉRMINO DE VIGENCIA,

A PARTIR DEL MOMENTO DE SU CONOCIMIENTO POR EL PUEBLO DE TEBAS Y ES VIGENTE, MIENTRAS NO HAYA OTRA LEY DEL MISMO NIVEL O SUPERIOR QUE LA DEROGUE.

PRESCRIBE UNA SANCIÓN EXACTA PARA QUIEN LA DESOBEDEZCA:

LA MUERTE POR LAPIDACION.

ADEMÁS ES UNA NORMA GENERAL, Y

EL ESTADO SE HARA RESPONSABLE DE VIGILAR QUE EL CADAVER SE MANTENGA INSEPULTO Y DE CASTIGAR A QUIEN DESOBEDEZCA LA ORDEN.

TENEMOS PUES UNA NORMA FORMALMENTE VALIDA QUE POR LO TANTO ES OBLIGATORIA

COMO USTEDES VERAN, REUNE LAS CARACTERÍSTICAS, (QUE NO DEFINICION) DE LO JURIDICO FORMAL, MUCHAS DISCUSIONES SE PUDIERAN AHORRAR SI LEYERAMOS CON MAS FRECUENCIA A LOS CLASICOS.

SEGUNDA ESCENA (Días después)

NARRADOR: un guardia vino a avisar a Creonte que alguien había realizado un ritual en memoria de polinice y lo había cubierto de tierra, y Creonte le ordena que busquen al culpable para castigarlo o castigara a los guardias con crueles tormentos.

CORIFEO.

(A Creonte.) Señor, a mi hace ya rato que me ronda la idea de si en esto no habrá la mano de los dioses.

CREONTE.

Basta, antes de hacerme rebosar en ira, con esto que dices; mejor no puedan acusarte a la vez de ancianidad y de poco juicio, porque en verdad que lo que dices no es soportable,

Que digas que las divinidades se preocupan en algo de este muerto.

¿Cómo iban a enterrarle, especialmente honrándole como benefactor, a él, que vino a quemar las columnatas de sus templos, con las ofrendas de los fieles, a arruinar la tierra y las leyes a ellos confiadas?

¿Cuándo viste que los dioses honraran a los malvados?

No puede ser.

Tocante a mis órdenes, gente hay en la ciudad que mal las lleva y que en secreto de hace ya tiempo contra mi murmuran y agitan su cabeza, incapaces de mantener su cuello bajo el yugo, como es justo, porque no soportan mis órdenes;

¡Estoy convencido!, estos guardias se han dejado corromper por una paga de esta gente que digo y han hecho este desmán.

Porque entre los hombres, nada, ninguna institución ha prosperado nunca tan funesta como la moneda; ella destruye las ciudades, ella saca a los hombres de su patria; ella se encarga de perder a hombres de buenos principios,

Entra un guardián llevando a Antígona.

CORIFEO.

No sé, dudo si esto sea prodigio obrado por los dioses... (Al advertir la presencia de Antígona). Pero, si la reconozco, ¿cómo puedo negar que ésta sea la joven Antígona?

CORO completo (todos menos Creonte ni Antígona)

Ay, mísera, hija de mísero padre, Edipo,

CORIFEO

¿Qué es esto? ¿Te traen acaso porque no obedeciste lo legislado por el rey? ¿Te detuvieron osando una locura?

GUARDIÁN.

Si, ella, ella es la que lo hizo: la detuvimos cuando lo estaba enterrando... Pero, Creonte, ¿dónde está?

Al oír los gritos del guardián, Creonte, recién entrado, vuelve a salir con su séquito.

CORO completo (todos menos Creonte)

Aquí: ahora vuelve a salir, en el momento justo, de palacio.

CREONTE

¿Qué sucede? ¿Qué hace tan oportuna mi llegada?

GUARDIÁN.

He aquí que he venido —a pesar de haberme comprometido a no venir con juramento— para traerte a esta muchacha que ha sido hallada componiendo una tumba.

Y ahora no vengo porque se haya echado a suertes, no, sino porque este hallazgo feliz me corresponde a mi y no a ningún otro.

Y ahora, señor, tú mismo, según lo quieras, la recibes y ya puedes investigar y preguntarle;

En cuanto a mí, ya puedo liberarme de este peligro: soy libre, exento de injusticia.

CREONTE.

Pero, ésta que me traes, ¿de qué modo y dónde la apresasteis?

GUARDIÁN.

Estaba enterrando al muerto: ya lo sabes todo.

CREONTE.

¿Te das cuenta? ¿Entiendes cabalmente lo que dices?

GUARDIÁN.

Si, que yo la vi a ella enterrando al muerto que tú habías dicho que quedase insepulto: ¿o es que no es evidente y claro lo que digo?

CREONTE.

Y ¿cómo fue que la sorprendiste en pleno delito?

GUARDIÁN.

Fue así la cosa: cuando volvimos a la guardia, bajo el peso terrible de tus amenazas, después de barrer todo el polvo que cubría el cada ver, dejando bien al desnudo su cuerpo ya en descomposición, nos sentamos al abrigo del viento, evitando que al soplar desde lo alto de las peñas nos enviara el hedor que despedía.

Esto duró bastante tiempo, hasta que se constituyó en mitad del cielo la brillante esfera solar y la calor quemaba;

Entonces, de pronto, un torbellino suscitó del suelo tempestad de polvo —pena enviada por los dioses— que llenó la llanura, desfigurando las copas de los árboles del llano, y que impregnó toda la extensión del aire; sufrimos aquel mal que los dioses mandaban con los ojos cerrados,

Y... cuando luego (después de largo tiempo), se aclaró.

Vimos a esta doncella que gemía agudamente como el ave condolida que ve, el nido vacío de sus crías.

Así, ella, al ver el cadáver desvalido, estaba gimiendo y llorando y maldecía a los autores de aquello.

Veloz en las manos lleva árido polvo y de un aguamanil de bronce bien forjado de arriba a abajo triple libación vierte. "Corona para el muerto".

Nosotros, al verla, presurosos la apresamos, todos juntos, en seguida, sin que ella muestre temor en lo absoluto,

Y así, pues, aclaramos lo que antes pasó y lo que ahora; ella, allí de pie, nada ha negado;

A mí me alegra a la vez y me da pena, que cosa placentera es, si, huir uno mismo de males, pero penoso es llevar a su mal a gente amiga.

Pero todas las demás consideraciones valen para mi menos que el verme a salvo. (se retira)

DIALOGO SOBRESALIENTE # 1

CREONTE

(A Antígona) Y tú, si, tú que inclinas al suelo tu rostro, ¿confirmas o desmientes haber hecho esto?

ANTÍGONA.

Lo confirmo, si; yo lo hice, y no lo niego.

CREONTE.

Pero tú dime brevemente, sin extenderte; ¿sabías que estaba decretado no hacer esto?

ANTÍGONA.

Si, lo sabía: ¿cómo no iba a saberlo? Todo el mundo lo sabe.

CREONTE.

Y, así y todo, ¿te atreviste a pasar por encima de la ley?

ANTÍGONA.

No era Zeus quien me la había decretado,

Y no creía yo que tus decretos tuvieran tanta fuerza para saltar por encima de las leyes no escritas, inmutables, de los dioses:

Su vigencia no es de hoy ni de ayer, sino de siempre, y nadie sabe cuándo fue que aparecieron.

No iba yo a atraerme el castigo de los dioses por temor a lo que pudiera pensar alguien:

ya veía, yo mi muerte —y cómo no?—, aunque tú no hubieses decretado nada; y,

Si muero antes de tiempo, yo digo que es ganancia: quien, como yo, entre tantos males vive, ¿no sale acaso ganando con su muerte?

Y así, no es, no desgracia, para mi, tener este destino;

En cambio, si el cadáver de un hijo de mi madre estuviera insepulto y yo lo aguantara, eso si me sería doloroso; lo otro, en cambio, no me es doloroso:

Puede que a ti te parezca que obré como una loca, pero, poco más o menos, es a un loco a quien doy cuenta de mi locura.

(CONCLUYE EL DIALOGO)

CORO completo (todos menos Creonte y Antigona)

Muestra la joven fiera audacia,

Hija de un padre fiero:

No sabe ceder al infortunio.

CREONTE

(Al coro.) Si, pero sepas que los mas inflexibles pensamientos son los mas prestos a caer: Ve el hierro que, una vez cocido, el fuego hace fortísimo y muy duro, a menudo verás cómo se resquebraja, lleno de hendiduras;

Sé de fogosos caballos que una pequeña brida ha domado;

No cuadra la arrogancia al que es esclavo del vecino;

Y ella se daba perfecta cuenta de la suya, al transgredir las leyes establecidas;

Y, después de hacerlo, otra nueva arrogancia: ufanarse y mostrar alegría por haberlo hecho.

En verdad que el hombre no soy yo, que el hombre es ella si ante esto no siente el peso de la autoridad;

Pero, por muy de sangre de mi hermana que sea, aunque sea mas de mi sangre que todo el Zeus que preside mi hogar, ni ella ni su hermana podrán escapar de muerte infamante,

Porque a su hermana también la acuso de haber tenido parte en la decisión de sepultarle.

Si, la he visto dentro hace poco, ¡fuera de si!, incapaz de dominar su razón; porque, generalmente, el corazón de los que traman en la sombra acciones no rectas, antes de que realicen su acción, ya resulta convicto de su maldad.

Pero, sobre todo, mi odio es para la que, atrapada en pleno delito, quiere después darle timbres de belleza.

ANTÍGONA.

Ya me tienes: ¿buscas aún algo más que mi muerte?

CREONTE.

Por mi parte, nada más; con tener esto, lo tengo ya todo.

ANTÍGONA

¿Qué esperas, pues? A mi, tus palabras ni me placen ni podrían nunca llegar a complacerme; y las mías también a ti te son desagradables.

De todos modos, ¿cómo podía alcanzar más gloriosa gloria que enterrando a mi hermano?

Todos éstos, te dirían que mi acción les agrada, si el miedo no les tuviera cerrada la boca; pero la tiranía tiene, entre otras muchas ventajas, la de poder hacer y decir lo que le venga en gana.

CREONTE.

De entre todos los cadmeos, este punto de vista es solo tuyo.

ANTÍGONA.

Que no, que es el de todos: pero ante ti cierran la boca.

CREONTE.

¿Y a ti no te avergüenza, pensar distinto a ellos?

ANTÍGONA.

Nada hay vergonzoso en honrar a los hermanos.

CREONTE.

¿Y no era acaso tu hermano el que murió frente a él?

ANTÍGONA.

Mi hermano era, del mismo padre y de la misma madre.

CREONTE.

Y, siendo así, ¿como tributas al uno honores impíos para el otro?

ANTÍGONA.

No sería a ésta la opinión del muerto.

CREONTE.

Si tú le honras igual que al impío...

ANTÍGONA.

Cuando murió no era su esclavo: era su hermano.

CREONTE.

Que había venido a arrasar el país; y el otro se opuso en su defensa.

ANTÍGONA.

Con todo, Hades requiere leyes igualitarias.

CREONTE.

Pero no que el que obro bien tenga la misma suerte que el malvado.

ANTÍGONA

¿Quién sabe si allí abajo mi acción es elogiable?

CREONTE

No, en verdad no, que un enemigo.. ni muerto, será jamás mi amigo

ANTÍGONA.

No nací para compartir el odio sino el amor.

CREONTE

Pues vete abajo y, si te quedan ganas de amar, ama a los muertos que, a mí, mientras viva, no ha de mandarme una mujer.

(se retiran)

COMENTARISTA

OTRA VEZ LA GENIALIDAD DE EL POETA. PARAFRASEANDO A OCTAVIO PAZ DIRIAMOS QUE SOLO LOS POETAS SON CAPACES DE EXPRESAR SU PENSAMIENTO CON TODA LIBERTAD PORQUE SOLO LOS DETIENE SUS CAPACIDADES PERO NO LOS INTERESES CREADOS.

ASÍ SOFOCLES NOS REGALA A LAS GENERACIONES POSTERIORES, LA DESCRIPCION MÁS CERTERA DE LOS QUE ES EL DERECHO NATURAL:

SON NORMAS QUE TIENEN SU ORIGEN EN LA DIVINIDAD: "DECRETADAS POR ZEUS" "LEYES DE LOS DIOSES":

LEYES SUPERIORES A LAS LEYES DE LOS HOMBRES.

LEYES NO ESCRITAS,

LEYES INMUTABLES,

LEYES CUYA VIGENCIA ES DE SIEMPRE,

NADIE SABE CUÁNDO FUE QUE APARECIERON.

SU VIOLACION ES SANCIONADA POR LOS DIOSES.

Y por eso concluye en uno de los diálogos más impresionantes del teatro universal

"Si muero antes de tiempo, yo digo que es ganancia:
quien, como yo, entre tantos males vive, ¿no sale acaso
ganando con su muerte?.

y así, no es, no desgracia, para mi, tener este destino" …

"puede que a ti te parezca que obré como una loca, pero,
poco mas o menos, es a un loco a quien doy cuenta de mi
locura".

TERCERA ESCENA

(Días después)

Se acerca Ismene a Creonte

ISMENE

Pero, ¿cómo?, ¿matarás a la novia de tu hijo?

CREONTE.

No ha de faltarle tierra que pueda cultivar.

ISMENE

Pero esto es faltar a lo acordado entre el y ella.

CREONTE.

No quiero yo malas mujeres para mis hijos.

ANTÍGONA

-Ay, Hemón querido! Tu padre te falta al respeto.

CREONTE.

Demasiado molestas, tú y tus bodas.

CORIFEO.

Así pues, ¿piensas privar de Antígona a tu hijo?

CREONTE.

Hades, él pondrá fin a estas bodas.

CORIFEO.

Parece, pues, cosa resuelta que ella muera.

CREONTE.

Te lo parece a ti, también a mí.

Y, venga ya, no mas demora; llevadlas dentro, esclavos; estas mujeres conviene que estén atadas, y no que anden sueltas: huyen hasta los más valientes, cuando sienten a la muerte rondarles por la vida.

Aparece Hemón a lo lejos.

CORO completo (todos menos Creonte)

(A Creonte.) Pero he aquí a Hemón, el más joven de tus vástagos: ¿viene acaso dolorido por la suerte de Antígona, su prometida, muy condolido al ver frustrada su boda?

CREONTE.

Al punto lo sabremos, con más seguridad que los adivinos. (A Hemón.) Hijo mío, ¿vienes aquí porque has oído mi ultima decisión sobre la doncella que a punto estabas de esposar y quieres mostrar tu furia contra tu padre?, ¿o bien porque, haga yo lo que haga, soy tu amigo?

HEMON

Padre, soy tuyo, y tú derechamente me encaminas con tus benévolos consejos que siempre he de seguir; ninguna boda puede ser para mi tan estimable que la prefiera a tu buen gobierno.

CREONTE.

Y así, hijo mío, has de guardar esto en el pecho:

En todo estar tras la opinión paterna;

Por eso es que los hombres piden engendrar hijos y tenerlos sumisos en su hogar:

Para que devuelvan al enemigo el mal que les causó y honren, igual que a su padre, a su amigo;

El que, en cambio, siembra hijos inútiles,

¿Qué otra cosa podrías decir de él?, salvo que se engendró dolores, motivo además de gran escarnio por sus enemigos.

No, hijo, no dejes que se te vaya el conocimiento tras el placer, a causa de una mujer; sabe que compartir el lecho con una mala mujer, tenerla en casa, estos son abrazos que hielan...

Porque, ¿qué puede herir mas que un mal hijo?

No, despréciala como si se tratara de algo odioso, déjala; que se vaya al Hades a encontrar otro novio.

Y pues que yo la hallé, sola a ella, de entre toda la ciudad, desobedeciendo, no voy a permitir que mis órdenes parezcan falsas a los ciudadanos; ya lo ordene y he de matarla.

Y ella, que le vaya con himnos a Zeus que protege a los de la misma sangre.

Si yo alimento el desorden entre los de mi sangre, esto constituye una pauta para los extraños.

Se sabe quién se porta bien con su familia según se muestre justo a la ciudad.

Yo confiadamente creo que el hombre que en su casa gobierna sin tacha quiere también verse bien gobernado.

En cambio, el que, soberbio, a las leyes hace violencia, o piensa en imponerse a los que mandan, éste nunca puede ser que reciba mis elogios

No hay desgracia mayor que la anarquía: ella destruye las ciudades, conmociona y revuelve las familias; en el combate, rompe las lanzas y promueve las derrotas.

En el lado de los vencedores, es la disciplina lo que salva a muchos.

Así pues, hemos de dar nuestro brazo a lo establecido con vistas al orden, y, en todo caso, nunca dejar que una mujer nos venza; preferible es —si ha de llegar el caso— caer ante un hombre: que no puedan enrostrarnos ser mas débiles que mujeres.

CORO completo (todos menos Creonte)

Si la edad no nos sorbió el entendimiento, nosotros sentimos que hablas con prudencia

HEMÓN

Padre, el mas sublime don que de todas cuantas riquezas dan los dioses al hombre es la prudencia.

Yo no podría ni sabría explicar por qué tus razones no son del todo rectas; sin embargo, una interpretación en otro sentido podría ser correcta.

Tú no has podido constatar lo que por Tebas se dice; lo que se hace o se reprocha. Tu rostro impone respeto al hombre de la calle; sobre todo si ha de dirigírsete con palabras que no te daría gusto escuchar.

A mí, en cambio, me es posible oírlas, en la sombra, y son:

Que la ciudad se lamenta por la suerte de esta joven que muere de mala muerte, como la más innoble de todas las mujeres, por obras que ha cumplido bien gloriosas.

Ella, que no ha querido que su propio hermano, sangrante muerto, desapareciera sin sepultura ni que lo deshicieran ni perros ni aves voraces, ¿no se ha hecho así acreedora de dorados honores? Esta es la oscura petición que en silencio va propagándose.

Padre, para mi no hay bien mas preciado que tu felicidad y buena ventura: ¿qué puede ser mejor ornato que la fama creciente de su padre, para un hijo, y que, para un padre, con respecto a sus hijos?

Padre no te habitúes, a pensar de una manera única, absoluta, que lo que tú dices es lo cierto.

Los que creen que ellos son los únicos que piensan o que tienen un espíritu como nadie, éstos aparecen vacíos de vanidad, al ser descubiertos.

Para un hombre, al menos si es prudente, no es nada vergonzoso aprender mucho y no mostrarse en exceso intransigente.

Mira, en invierno, a la orilla de los torrentes acrecentados por la lluvia invernal, cuántos árboles ceden, para salvar su ramaje; en cambio, el que se opone sin ceder, éste acaba descuajado.

Y así, el que, en la tormenta, seguro de si mismo, la escota de su nave tensa, sin darle juego, hace el resto de su travesía con la bancada hacia abajo.

Por tanto, no me extremes tu rigor y admite el cambio.

CORIFEO.

Lo que ha dicho a propósito, señor, conviene que lo aprendas. (A Hemón) Y tú igual de él; por ambas partes bien se ha hablado.

CREONTE

Si, encima, los de mi edad vamos a tener que aprender a pensar según el natural de jóvenes de la edad de éste.

HEMÓN

No, en lo que no sea justo. Pero, si es cierto que soy joven, también lo es que conviene mas en las obras fijarse que en la edad.

CREONTE.

Valiente obra, honrar a los transgresores del orden!.

HEMÓN

En todo caso, nunca dije que se debiera honrar a los malvados.

CREONTE.

¿Ah no? ¿Acaso ella no está enferma de maldad?

HEMÓN.

No es eso lo que dicen sus compatriotas tebanos.

CREONTE.

Pero, ¿es que me van a decir los ciudadanos lo que he de mandar?

HEMÓN.

¿No ves que hablas como un joven inexperto?

CREONTE.

¿He de gobernar esta tierra según otros o según mi parecer?

HEMÓN.

No puede, una ciudad, ser solamente de un hombre.

CREONTE.

La ciudad, pues, ¿no ha de ser de quien la manda?

HEMÓN

A ti, lo que te iría bien es gobernar, tú solo, una tierra desierta.

CREONTE.

(Al coro.) Está claro: se pone del lado de la mujer.

HEMÓN.

Si, si tú eres mujer, pues por ti miro.

CREONTE.

¡Ay, miserable, y te atreves a procesar a tu padre!

HEMÓN.

Porque no puedo dar por justos tus errores.

CREONTE.

¿Es, pues, un error que obre de acuerdo con mi mando?

HEMÓN.

Si, porque lo injurias, pisoteando el honor debido a los dioses.

CREONTE

¡Infame, y detrás de una mujer!

HEMÓN

Quizá, pero no podrás decir que me descubriste cediendo a infamias.

CREONTE.

En todo caso, lo que dices, todo, es a favor de ella.

HEMÓN.

También a tu favor, y al mío, y a favor de los dioses subterráneos.

CREONTE.

Pues nunca te casarás con ella, al menos viva.

HEMÓN.

Si, morirá, pero su muerte ha de ser la ruina de alguien.

CREONTE.

¿Con amenazas me vienes ahora, atrevido?

HEMÓN

Razonar contra argumentos vacíos; en ello, ¿que amenaza puede haber?

CREONTE.

Querer enjuiciarme ha de costarte lágrimas: tú, que tienes vacío el juicio.

HEMÓN.

Si no fueras mi padre, diría que eres tú el que no tiene juicio.

CREONTE.

No me fatigues más con tus palabras, tú, ¡juguete de una mujer.

HEMÓN

Hablar y hablar, y sin oír a nadie: ¿es esto lo que quieres?

CREONTE

¿Con que si, eh? Por este Olimpo, entérate de que no añadirás a tu alegría el insultarme, después de tus reproches. (A unos esclavos.) Traedme a aquella odiosa mujer para que aquí y al punto, ante sus ojos, presente su novio, muera.

HEMÓN.

Eso si que no: no en mi presencia; ni se te ocurra pensarlo, que ni ella morirá a mi lado ni tú podrás nunca mas, con tus ojos, ver mi rostro ante ti.

Quédese esto para aquellos de los tuyos que sean cómplices de tu locura.

(Sale Hemón, corriendo).

Coro completo (todos menos Creonte ni Antígona)

El joven se ha ido bruscamente, señor, lleno de cólera, y el dolor apesadumbra mentes tan jóvenes.

COMENTARISTA

NUEVAMENTE EL GENIO DE SOFOCLES.

HAN LUCHADO LA LEY DEL HOMBRE Y LA LEY DE LOS DIOSES,

AHORA, EN TRATANDOSE DE LA APLICACIÓN DE LA LEY, LA OTRA ETAPA VITAL DEL DERECHO.

SE VUELVE A EVIDENCIAR EL OTRO GRAN CONFLICTO, ¿QUE ES MEJOR? EL PRINCIPIO DE AUTORIDAD O LA PRUDENCIA EN LA APLICACIÓN DE LA PENA.

CREONTE SE HA TRANSFORMADO DE UN REY VICTORIOSO EN UNA ESPECIE DE MOUNSTRO ENFERMO DE PODER,

EL PODER LO HA CORROMPIDO HASTA EL EXTREMO DE NEGAR A SU HIJO.

PERO SIEMPRE QUE UN GOBERNANTE HA OLVIDADO LA PRUDENCIA, LA TOLERANCIA, LA DIVERSIDAD DE UN PUEBLO HA SUFRIDO AL FIN EN CARNE PROPIA SU DECISION Y HA PAGADO CARA, MUY CARA SU DECISION. NERON, NAPOLEON, HITLER, MUSOLINI, (ALGUNOS PERSONAJES CONACIONALES DE LOS AQUÍ REUNIDOS,) HAN SUCUMBIDO ANTE EL EJERCICIO INDISCRIMINADO DE EL PODER Y EL MISMO SE HA VUELTO EN SU CONTRA.

CREONTE.

Dejadle hacer: que se vaya y se crea más que un hombre; lo cierto es que a estas dos muchachas no las separará de su destino.

CORIFEO.

¿Cómo? Así pues, ¿piensas matarlas a las dos?

CREONTE.

A la que no tuvo parte, NO dices bien.

CORIFEO.

Y, a Antígona, ¿que clase de muerte piensas darle?

CREONTE.

La llevaré a un lugar que no conozca la pisada del hombre y, viva, la enterraré en un subterráneo de piedra, poniéndole comida, solo la que baste para la expiación, a fin de que la ciudad quede sin mancha de sangre, enteramente. Y allí, que vaya con súplicas a Hades, el único dios que venera: quizá logre salvarse de la muerte. O quizás, aunque sea entonces, pueda darse cuenta de que es trabajo superfluo, respetar a un muerto.

Declamadora (puede ser la narradora)

EROS (DIVINIDAD DEL AMOR)

Invencible en el combate,
Que te ensañas como en medio de reses,
Que pasas la noche en las blandas mejillas de una jovencita
y frecuentas, cuando no el mar, rústicas cabañas.
Nadie puede escapar de ti,
Ni aun los dioses inmortales;
Ni tampoco ningún hombre, de los que un día vivimos;
Pero tenerte a ti enloquece
Tú vuelves injustos a los justos y los lanzas a la ruina;
Tú, que, entre hombres de la misma sangre,
También esta discordia has promovido,
Y vence el encanto
Que brilla en los ojos de la novia al lecho prometida.
Tú, asociado a las sagradas leyes que rigen el mundo;
Va haciendo su juego, sin lucha, la divina Afrodita.

CORIFEO.

Y ahora ya hasta yo me siento arrastrado a rebelarme contra leyes sagradas, al ver esto, y ya no puedo detener un manantial de lágrimas cuando la veo a ella, a Antígona, que a su tálamo va, pero de muerte.

ANTÍGONA.

Miradme, ciudadanos de la tierra paterna, que mi ultimo camino recorro,

Que el esplendor del sol por última vez miro:

Ya nunca mas; Hades, que todo lo adormece, viva me recibe en la playa de Aqueronte

Sin haber tenido mí parte en himeneos, sin que me haya celebrado ningún himno, a la puerta nupcial...

No. Con Aqueronte, voy a casarme.

CORO COMPLETO.

Ilustre y alabada te marchas al antro de los muertos, y no porque mortal enfermedad te haya golpeado, ni porque tu suerte haya sido morir a espada.

CORIFEO

Al contrario, por tu propia decisión, fiel a tus leyes, en vida y sola, desciendes entre los muertos al Hades.

ANTÍGONA

¡Oh tierra tebana, ciudad de mis padres! ¡Oh dioses de mi estirpe! Ya se me llevan, sin demora; miradme, ciudadanos principales de Tebas: a mi, a la única hija de los reyes que queda; mirad qué he de sufrir, y por obra de qué hombres. Y todo, por haber respetado la piedad.

CUARTA ESCENA

(Días después)

(Llega Tiresias, acompañado por un joven lazarillo)

TÍRESÍAS.

Soberanos de Tebas, aquí llegamos dos que el común camino mirábamos con los ojos de solo uno: esta forma de andar, con un guía, es, en efecto, la que cuadra a los ciegos.

CREONTE

Que hay de nuevo, anciano Tiresias?

TIRESIAS.

Ya te lo explicaré, y cree lo que te diga el adivino.

CREONTE

Nunca me aparté de tu consejo, hasta hoy al menos.

TIRESIAS.

Por ello rectamente has dirigido la nave del estado.

CREONTE

Mi experiencia puede atestiguar que tu ayuda me ha sido provechosa.

TIRESIAS.

Pues bien, piensa ahora que has llegado a un momento crucial de tu destino.

CREONTE.

¿Qué pasa? Tus palabras me hacen temblar.

TIRESIAS.

Lo sabrás, al oír las señales que sé por mi arte;

Estaba yo sentado en el lugar en donde, desde antiguo, inspecciono las aves, lugar de reunión de toda clase de pájaros, y

He aquí que oigo un hasta entonces nunca oído rumor de aves: frenéticos, crueles gritos ininteligibles.

Me di cuenta que unos a otros, garras homicidas, se herían: esto fue lo que deduje de sus estrepitosas alas;

Al punto, amedrentado, tanteé con una victima en las encendidas brasas, pero Hefesto no elevaba la llama; al contrario, la grasa de los muslos caía gota a gota sobre la ceniza y se consumía, humeante y crujiente;

Las hieles esparcían por el aire su hedor; los muslos se quemaron, se derritió la grasa que los cubre.

Todo esto —presagios negados, ritos que no ofrecen señales— lo supe por este muchacho: él es mi guía, como yo lo soy de otros.

Pues bien, es el caso que la ciudad está enferma de estos males por tu voluntad, porque nuestras aras y nuestros hogares están llenos, todos, de la comida que pájaros y perros han hallado en el desgraciado hijo de Edipo caído en el combate.

Y los dioses ya no aceptan las súplicas que acompañan, al sacrificio y los muslos no llamean.

Ni un pájaro deja ya, ir un solo serial al gritar estrepitoso, saciados como están en sangre y grasa humana.

Recapacita, pues, en todo eso, hijo.

Cosa común es, si, equivocarse, entre los hombres,

Pero, cuando uno yerra, el que no es imprudente ni infeliz caído en el mal, no se está quieto e intenta levantarse;

El orgullo un castigo comporta, la necedad.

Cede, pues, al muerto, no te ensañes en quien tuvo ya su fin: ¿qué clase de proeza es rematar a un muerto?

Pensando en tu bien te digo que cosa dulce es aprender de quien bien te aconseja en tu provecho.

CREONTE

Todos, anciano, como arqueros que buscan el blanco, buscáis con vuestras flechas a este hombre (se señala a si mismo)

Ni vosotros, los adivinos, dejáis de atacarme con vuestra arte: hace ya tiempo que los de tu familia me vendisteis como una mercancía.

Allá con vuestras riquezas: comprad todo el oro blanco de Sardes y el oro de la India.

Pero a él no lo veréis enterrado ni si las águilas quieren su pasto hacerle y lo arrebatan hasta el trono de Zeus; ni así os permitiré enterrarlo, que esta profanación no me da miedo.

No, que bien sé yo que ningún hombre puede manchar a los dioses.

En cuanto a ti, anciano Tiresias, hasta los más hábiles hombres caen, e ignominiosa es su caída cuando en bello ropaje ocultan infames palabras para servir a su avaricia.

TIRESIAS.

Ay, ¿hay algún hombre que sepa, que pueda decir...?

CREONTE.

¿Qué? ¿Con qué máxima, de todas sabida, vendrás ahora?

TIRESIAS.

¿...en que medida la mayor riqueza es tener juicio?

CREONTE.

En la medida, justo me parece, en que el mal mayor es no tenerlo.

TIRESIAS.

Y, sin embargo, tú naciste de esta enfermedad cabal enfermo.

CREONTE.

No quiero responder con injurias al adivino.

TIRESIAS.

Con ellas me respondes cuando dices que lo que vaticino yo no es cierto.

CREONTE.

Sucede que la familia toda de los adivinos es muy amante del dinero.

TIRESIAS.

Y que gusta la de los tiranos de riquezas mal ganadas.

CREONTE

¿Te das cuenta de que lo que dices lo dices a tus jefes?

TIRESIAS.

Sí, me doy cuenta, porque si mantienes a salvo la ciudad, a mí lo debes.

CREONTE

Tú eres un sagaz agorero, pero te gusta la injusticia.

TIRESIAS.

Me obligarás a decir lo que ni el pensamiento debe mover.

CREONTE.

Pues muévelo, con tal de que no hables por amor de tu interés.

TIRESIAS.

Por la parte que te toca, creo que así será.

CREONTE.

Bien, pero has de saber que mis decisiones no pueden comprarse.

TIRESIAS.

Bien está, pero sepas tú, a tu vez, que no vas a dar muchas vueltas, émulo del sol, sin que, de tus propias entrañas, des un muerto, en compensación por los muertos que tú has enviado allí abajo, desde aquí arriba,

Y por la vida que indecorosamente has encerrado en una tumba, mientras tienes aquí a un muerto que es de los dioses subterráneos, y al que privas de su derecho, de ofrendas y de piadosos ritos.

Nada de esto es de tu incumbencia, ni de la de los celestes dioses; esto es violencia que tú les haces.

Por ello, destructoras, vengativas, te acechan ya las divinas, mortíferas Erinis, para enredarte en tus propios crímenes.

Y ve reflexionando, a ver si hablo por dinero, que, dentro no de mucho tiempo, se oirán en tu casa gemidos de hombres y de mujeres,

Y se agitarán de enemistad las ciudades, a las que a cuyos caudillos hayan llegado, -de los despojos el impuro hedor- llevadas por perros o por fieras o por alguna alada ave que los hubiera devorado.

Porque me has azuzado, he aquí los dardos que te mando, arquero, seguros contra tu corazón; no podrás, no, eludir el ardiente dolor que han de causarte.

(Al muchacho que le sirve de guía)

Llévame a casa, hijo, que desahogue éste su cólera contra gente más joven y que aprenda a alimentar su lengua con mas calma y a pensar mejor de lo que ahora piensa.

CORIFEO.

Se ha ido, señor, dejándonos terribles vaticinios. Y sabemos — desde que estos cabellos, negros antes, se vuelven ya blancos— que nunca ha predicho a la ciudad nada que no fuera cierto.

CREONTE.

También yo lo sé y tiembla mi espíritu; porque es terrible, si, ceder, pero también lo es resistir en un furor que acabe chocando con un castigo enviado por los dioses.

CORIFEO.

Conviene que reflexiones con tiento, hijo de Meneceo.

CREONTE.

¿Qué he de hacer? Habla, que estoy dispuesto a obedecerte.

CORIFEO.

Venga, pues: saca a Antígona de su subterránea morada, y al muerto que yace abandonado levántale una tumba.

CREONTE.

Esto me aconsejas? ¿Debo ceder, según tu?

CORIFEO.

Si, y lo antes posible, señor. A los que perseveran en errados pensamientos les cortan el camino los daños que, veloces, mandan los dioses.

CREONTE.

Ay de mi: a duras penas pero cambio de idea sobre lo que he de hacer; no hay forma de luchar contra lo que es forzoso.

CORIFEO.

Ve pues, y hazlo; no confíes en otros.

CREONTE.

Me voy, si, así mismo, de inmediato.

Va, vengan, siervos, los que estáis aquí y los que no estáis, rápido, proveeros de palas y subid a aquel lugar que se ve allí arriba.

En cuanto a mi, pues así he cambiado de opinión, lo que yo mismo ate, quiero yo al presente desatar, porque me temo que lo mejor no sea pasar toda la vida en la observancia de las leyes instituidas.

NARRADOR

CREONTE LLEGO AL LUGAR DONDE SE ENCONTRABAN LOS RESTOS DESTROZADOS DE POLINICIE Y PROCEDIO A

SEPULTARLOS, LUEGO FUE A LA CUEVA DONDE ESTABA ANTIGONA ENTERRADA EN VIDA Y AL ACERCARSE ESCUCHO LOS SOLLOZOS QUE PRONTO IDENTIFICO COMO LOS DE SU HIJO HEMON, PRONTO ABRIO LA CAVERNA Y ENCONTRO UNA ESCENA DESGARRADORA, ANTIGONA CUELGA DE UN LAZO Y HEMON LLORA A SUS PIES, AL VERLO EL HIJO IRACUNDO SE LANZA CONTRA SU PADRE FALLANDO EN EL INTENTO, Y EN EL CLIMAX DE LA DESESPERACION, EL MISMO SE ATRAVIEZA CON LA ESPADA CAUSANDOSE UNA MUERTE INSTANTANEA,

RAPIDO LLEGAN LAS NOTICIAS A PALACIO, DONDE EURIDICE, LA MADRE DE HEMON Y CONYUGE DE CREONTE, SE ENTERA DE LA SUERTE DE SU HIJO

AL REGRESAR A PALACIO CREONTE CON EL CUERPO DE SU HIJO EN BRAZOS, ESPERANDO ENCONTRAR UN POCO DE CONSUELO EN SU ESPOSA, DESCUBRE QUE EURIDICE SE HA SUICIDADO TAMBIEN Y ENTONCES HABIENDO QUEDAD SOLO, VICTIMA DE LA FURIA DE LOS DIOSES, EXCLAMA:

CREONTE

Y, ella ¿de qué modo se abandonó a la muerte?

NARRADOR

Ella misma, con su propia mano, se golpeó en el pecho así que se enteró del tan lamentable infortunio de su hijo.

CREONTE.

De todo, la culpa es mía y nunca podrá corresponder a ningún otro hombre. Si, yo, yo la mate, yo, infortunada. Y digo la verdad. ¡Yo! Llevadme, servidores, lo más rápido posible, moved los pies, sacadme de aquí: a mí, que ya no soy más que quien es nada.

Que venga, que venga, que aparezca, de entre mis días, el ultimo, el que me lleve a mi postrer destino! ¡Que venga, que venga! Así podré no ver ya un nuevo día.

NARRADOR

Con mucho, la prudencia es la base de la felicidad. Y, en lo debido a los dioses, no hay que cometer ni un desliz.

No. Las palabras hinchadas por el orgullo comportan, para los orgullosos, los mayores golpes; ellas, con la vejez, enseñan a tener prudencia.

FIN

POLÍTICA

Aristóteles

LIBRO 1

De la sociedad civil. De la esclavitud. De la propiedad. Del poder doméstico

Capítulo I

ORIGEN DEL ESTADO Y DE LA SOCIEDAD

Todo Estado es, evidentemente, una asociación, y toda asociación no se forma sino en vista de algún bien, puesto que los hombres, cualesquiera que ellos sean, nunca hacen nada sino en vista de lo que les parece bueno. Es claro, por tanto, que todas las asociaciones tienden a un bien de cierta especie, y que el más importante de todos los bienes debe ser el objeto de la más importante de las asociaciones, de aquella que encierra todas las demás, y a la cual se llama precisamente Estado y asociación política.

No han tenido razón, pues, los autores para afirmar que los caracteres de rey, magistrado, padre de familia y dueño se confunden. Esto equivale a suponer que toda la diferencia entre éstos no consiste sino en el más y el menos, sin ser específica; que un pequeño número de administrados constituiría el dueño, un número mayor el padre de familia, uno más grande el magistrado o el rey; es de suponer, en fin, que una gran familia es en absoluto un pequeño Estado. Estos autores añaden, por lo que hace al magistrado y al rey, que el poder del uno es personal e independiente, y que el otro es en parte jefe y en parte súbdito, sirviéndose de las definiciones mismas de su pretendida ciencia.

Toda esta teoría es falsa; y bastará, para convencerse de ello, adoptar en este estudio nuestro método habitual. Aquí, como en los demás casos, conviene reducir lo compuesto a sus elementos indescomponibles, es decir, a las más pequeñas partes del conjunto. Indagando así cuáles son los elementos constitutivos del Estado, reconoceremos mejor en qué difieren estos elementos, y veremos si se pueden sentar algunos principios científicos para resolver las cuestiones de que acabamos de hablar. En esto, como en todo, remontarse al origen de las cosas y seguir atentamente su desenvolvimiento es el camino más seguro para la observación.

Por lo pronto, es obra de la necesidad la aproximación de dos seres que no pueden nada el uno sin el otro: me refiero a la unión de los sexos para la reproducción. Y en esto no hay nada de arbitrario, porque lo mismo en el hombre que en todos los demás animales y en las plantas existe un deseo natural de querer dejar tras sí un ser formado a su imagen.

La naturaleza, teniendo en cuenta la necesidad de la conservación, ha creado a unos seres para mandar y a otros para obedecer. Ha querido que el ser dotado de razón y de previsión mande como dueño, así como también que el ser capaz por sus facultades corporales de ejecutar las órdenes, obedezca como esclavo, y de esta suerte el interés del señor y el del esclavo se confunden.

La naturaleza ha fijado, por consiguiente, la condición especial de la mujer y la del esclavo. La naturaleza no es mezquina como nuestros artistas, y nada de lo que hace se parece a los cuchillos de Delfos fabricados por aquéllos. En la naturaleza un ser no tiene más que un solo destino, porque los instrumentos son más perfectos cuando sirven, no para muchos usos, sino para uno sólo. Entre los bárbaros, la mujer y el esclavo están en una misma línea, y la razón es muy clara; la naturaleza no ha creado entre ellos un ser destinado a mandar, y realmente no cabe entre los mismos otra unión que la de esclavo con esclava, y los poetas no se engañan cuando dicen:

"Sí, el griego tiene derecho a mandar al bárbaro,"

puesto que la naturaleza ha querido que bárbaro y esclavo fuesen una misma cosa.

Estas dos primeras asociaciones, la del señor y el esclavo, la del esposo y la mujer, son las bases de la familia, y Hesíodo lo ha dicho muy bien en este verso:

"La casa, después la mujer y el buey arador;"

porque el pobre no tiene otro esclavo que el buey. Así, pues, la asociación natural y permanente es la familia, y Corondas ha podido decir de los miembros que la componen "que comían a la misma mesa", y Epiménides de Creta "que se calentaban en el mismo hogar".

La primera asociación de muchas familias, pero formada en virtud de relaciones que no son cotidianas, es el pueblo, que justamente puede llamarse colonia natural de la familia, porque los individuos que componen el pueblo, como dicen algunos autores, "han mamado la leche de la familia", son sus hijos, "los hijos de sus hijos". Si los primeros Estados se han visto sometidos a reyes, y si las grandes naciones lo están aún hoy, es porque tales Estados se formaron con elementos habituados a la autoridad real, puesto que en la familia el de más edad es el verdadero rey, y las colonias de la familia han seguido filialmente el ejemplo que se les había dado. Por esto, Homero ha podido decir:

"Cada uno por separado gobierna como señor a sus mujeres y a sus hijos."

En su origen todas las familias aisladas se gobernaban de esta manera. De aquí la común opinión según la que están los dioses sometidos a un rey, porque todos los pueblos reconocieron en otro tiempo o reconocen aún hoy la autoridad real, y los hombres nunca han dejado de atribuir a los dioses sus propios hábitos, así como se los representaban a imagen suya.

La asociación de muchos pueblos forma un Estado completo, que llega, si puede decirse así, a bastarse absolutamente a sí mismo, teniendo por origen las necesidades de la vida, y debiendo su subsistencia al hecho de ser éstas satisfechas.

Así el Estado procede siempre de la naturaleza, lo mismo que las primeras asociaciones, cuyo fin último es aquél; porque la naturaleza de una cosa es precisamente su fin, y lo que es cada uno de los seres cuando ha alcanzado su completo desenvolvimiento se dice que es su naturaleza propia, ya se trate de un hombre, de un caballo o de una familia. Puede añadirse que este destino y este fin de los seres es para los mismos el primero de los bienes, y bastarse a sí mismos es, a la vez, un fin y una felicidad. De donde se concluye evidentemente que el Estado es un hecho natural, que el hombre es un ser naturalmente sociable, y que el que vive fuera de la sociedad por organización y no por efecto del azar es, ciertamente, o un ser degradado, o un ser superior a la especie humana; y a él pueden aplicarse aquellas palabras de Homero:

"Sin familia, sin leyes, sin hogar..."

El hombre que fuese por naturaleza tal como lo pinta el poeta, sólo respiraría guerra, porque sería incapaz de unirse con nadie, como sucede a las aves de rapiña.

Si el hombre es infinitamente más sociable que las abejas y que todos los demás animales que viven en grey, es evidentemente, como he dicho muchas veces, porque la naturaleza no hace nada en vano. Pues bien, ella concede la palabra al hombre exclusivamente. Es verdad que la voz puede realmente expresar la alegría y el dolor, y así no les falta a los demás animales, porque su organización les permite sentir estas dos afecciones y comunicárselas entre sí; pero la palabra ha sido concedida para expresar el bien y el mal, y, por consiguiente, lo justo y lo injusto, y el hombre tiene esto de especial entre todos los animales: que sólo él percibe el bien y el mal, lo justo y lo injusto y todos los sentimientos del mismo orden cuya asociación constituye precisamente la familia y el Estado.

No puede ponerse en duda que el Estado está naturalmente sobre la familia y sobre cada individuo, porque el todo es necesariamente superior a la parte, puesto que una vez destruido el todo, ya no hay partes, no hay pies, no hay manos, a no ser que por una pura analogía de palabras se diga una mano de piedra, porque la mano separada del cuerpo no es ya una mano real. Las cosas se definen en general por los actos que realizan y pueden realizar, y tan pronto como cesa su aptitud anterior no puede decirse ya que sean las mismas; lo único que hay es que están comprendidas bajo un mismo nombre. Lo que prueba claramente la necesidad natural del Estado y su superioridad sobre el individuo es que, si no se admitiera, resultaría que puede el individuo entonces bastarse a sí mismo aislado así del todo como del resto de las partes; pero aquel que no puede vivir en sociedad y que en medio de su independencia no tiene necesidades, no puede ser nunca miembro del Estado; es un bruto o un dios.

La naturaleza arrastra, pues, instintivamente a todos los hombres a la asociación política. El primero que la instituyó hizo un inmenso servicio, porque el hombre, que cuando ha alcanzado toda la perfección posible es el primero de los animales, es el último cuando vive sin leyes y sin justicia. En efecto, nada hay más monstruoso que la injusticia armada. El hombre ha recibido de la naturaleza las armas de la sabiduría y de la virtud, que debe emplear sobre todo para combatir las malas pasiones. Sin la virtud es el ser más perverso y más feroz, porque sólo tiene los arrebatos brutales del amor y del hambre. La justicia es una necesidad social, porque el derecho es la regla de vida para la asociación política, y la decisión de lo justo es lo que constituye el derecho.

Capítulo II

DE LA ESCLAVITUD

Ahora que conocemos de una manera positiva las partes diversas de que se compone el Estado, debemos ocuparnos ante todo del régimen económico de las familias, puesto que el Estado se compone siempre de familias. Los elementos de la economía doméstica son precisamente los de la familia misma, que, para ser completa, debe comprender esclavos y hombres libres. Pero como para darse razón de las cosas es preciso ante todo someter a examen las partes más sencillas de las mismas, siendo las partes primitivas y simples de la familia el señor y el esclavo, el esposo y la mujer, el padre y los hijos, deberán estudiarse separadamente estos tres órdenes de individuos para ver lo que es cada uno de ellos y lo que debe ser. Tenemos primero la autoridad del señor, después la autoridad conyugal, ya que la lengua griega no tiene palabra particular para expresar esta relación del hombre a la mujer; y, en fin, la generación de los hijos, idea para la que tampoco hay una palabra especial. A estos tres elementos, que acabamos de enumerar, podría añadirse un cuarto, que ciertos autores confunden con la administración doméstica, y que, según otros, es cuando menos un ramo muy importante de ella: la llamada adquisición de la propiedad, que también nosotros estudiaremos.

Ocupémonos, desde luego, del señor y del esclavo, para conocer a fondo las relaciones necesarias que los unen y ver, al mismo tiempo, si podemos descubrir en esta materia ideas que satisfagan más que las recibidas hoy día.

Se sostiene, por una parte, que hay una ciencia, propia del señor, la cual se confunde con la del padre de familia, con la del magistrado y con la del rey, de que hemos hablado al principio. Otros, por lo contrario, pretenden que el poder del señor es contra naturaleza; que la ley es la que hace a los hombres libres y esclavos, no reconociendo la naturaleza ninguna diferencia entre ellos; y que, por último, la esclavitud es inicua, puesto que es obra de la violencia.

Por otro lado, la propiedad es una parte integrante de la familia; y la ciencia de la posesión forma igualmente parte de la ciencia doméstica, puesto que sin las cosas de primera necesidad los hombres no podrían vivir, y menos vivir dichosos. Se sigue de aquí que, así como las demás artes necesitan, cada cual en su esfera, de instrumentos especiales para llevar a cabo su obra, la ciencia doméstica debe tener igualmente los suyos. Pero entre los instrumentos hay unos que son inanimados y otros que son vivos; por ejemplo, para el patrón de una nave, el timón es un instrumento sin vida y el marinero de proa un instrumento vivo, pues en las artes al operario se le considera como un verdadero instrumento. Conforme al mismo principio, puede decirse que la propiedad no es más que un instrumento de la existencia, la riqueza una porción de instrumentos y el esclavo una propiedad viva; sólo que el operario, en tanto que instrumento, es el primero de todos. Si cada instrumento pudiese, en virtud de una orden recibida o, si se quiere, adivinada, trabajar por sí mismo, como las estatuas de Dédalo o los trípodes de Vulcano, "que se iban solos a las reuniones de los dioses"; si las lanzaderas tejiesen por sí mismas; si el arco tocase solo la cítara, los empresarios prescindirían de los operarios y los señores de los esclavos. Los instrumentos propiamente dichos son instrumentos de producción; la propiedad, por el contrario, es simplemente para el uso. Así, la lanzadera produce algo más que el uso que se hace de ella; pero un vestido, una cama, sólo sirven para este uso.

Además, como la producción y el uso difieren específicamente, y estas dos cosas tienen instrumentos que son propios de cada una, es preciso que entre los instrumentos de que se sirven haya una diferencia análoga. La vida es el uso y no la producción de las cosas, y el esclavo sólo sirve para facilitar estos actos que se refieren al uso. Propiedad es una palabra que es preciso entender como se entiende la palabra parte: la parte no sólo es parte de un todo, sino que pertenece de una manera absoluta a una cosa distinta de ella misma. Lo mismo sucede con la propiedad; el señor es simplemente señor del esclavo, pero no depende esencialmente de él; el esclavo, por lo contrario, no es sólo esclavo del señor, sino que depende de éste absolutamente. Esto prueba claramente lo que el esclavo es en sí y lo que puede ser. El que por una ley natural no se pertenece a sí mismo, sino que, no obstante ser hombre, pertenece a otro, es naturalmente esclavo. Es hombre de otro el que, en tanto que hombre, se convierte en una propiedad, y como propiedad es un instrumento de uso y completamente individual.

Es preciso ver ahora si hay hombres que sean tales por naturaleza o si no existen, y si, sea de esto lo que quiera, es justo y útil el ser esclavo, o bien si toda esclavitud es un hecho contrario a la naturaleza. La razón y los hechos pueden resolver fácilmente estas cuestiones. La autoridad y la obediencia no son sólo cosas necesarias, sino que son eminentemente útiles. Algunos seres, desde el momento en que nacen, están destinados, unos a obedecer, otros a mandar; aunque en grados muy diversos en ambos casos. La autoridad se enaltece y se mejora tanto cuanto lo hacen los seres que la ejercen o a quienes ella rige. La autoridad vale más en los hombres que en los animales, porque la perfección de la obra está siempre en razón directa de la perfección de los obreros, y una obra se realiza dondequiera que se hallan la autoridad y la obediencia. Estos dos elementos, la obediencia y la autoridad, se encuentran en todo conjunto formado de muchas cosas que conspiren a un resultado común, aunque por otra parte estén separadas o juntas. Esta es una condición que la naturaleza impone a todos los seres animados, y algunos rastros de este principio podrían fácilmente descubrirse en los objetos sin vida: tal es, por ejemplo, la armonía en los sonidos. Pero el ocuparnos de esto nos separaría demasiado de nuestro asunto.

Por lo pronto, el ser vivo se compone de un alma y de un cuerpo, hechos naturalmente aquélla para mandar y éste para obedecer.

Por lo menos así lo proclama la voz de la naturaleza, que importa estudiar en los seres desenvueltos según sus leyes regulares y no en los seres degradados. Este predominio del alma es evidente en el hombre perfectamente sano de espíritu y de cuerpo, único que debemos examinar aquí. En los hombres corruptos, o dispuestos a serlo, el cuerpo parece dominar a veces como soberano sobre el alma, precisamente porque su desenvolvimiento irregular es completamente contrario a la naturaleza. Es preciso, repito, reconocer ante todo en el ser vivo la existencia de una autoridad semejante a la vez a la de un señor y a la de un magistrado; el alma manda al cuerpo como un dueño a su esclavo, y la razón manda al instinto como un magistrado, como un rey; porque, evidentemente, no puede negarse que no sea natural y bueno para el cuerpo el obedecer al alma, y para la parte sensible de nuestro ser el obedecer a la razón y a la parte inteligente. La igualdad o la dislocación del poder, que se muestra entre estos diversos elementos, sería igualmente funesta para todos ellos. Lo mismo sucede entre el hombre y los demás animales: los animales domesticados valen naturalmente más que los animales salvajes, siendo para ellos una gran ventaja, si se considera su propia seguridad, el estar sometidos al hombre. Por otra parte, la relación de los sexos es análoga; el uno es superior al otro; éste está hecho para mandar, aquél para obedecer.

Esta es también la ley general que debe necesariamente regir entre los hombres. Cuando es un inferior a sus semejantes, tanto como lo son el cuerpo respecto del alma y el bruto respecto del hombre, y tal que es la condición de todos aquellos en quienes el empleo de las fuerzas corporales es el mejor y único partido que puede sacarse de su ser, se es esclavo por naturaleza. Estos hombres, así como los demás seres de que acabamos de hablar, no pueden hacer cosa mejor que someterse a la autoridad de un señor; porque es esclavo por naturaleza el que puede entregarse a otro; y lo que precisamente le obliga a hacerse de otro es el no poder llegar a comprender la razón sino cuando otro se la muestra, pero sin poseerla en sí mismo. Los demás animales no pueden ni aun comprender la razón, y obedecen ciegamente a sus impresiones. Por lo demás, la utilidad de los animales domesticados y la de los esclavos son poco más o menos del mismo género. Unos y otros nos ayudan con el auxilio de sus fuerzas corporales a satisfacer las necesidades de nuestra existencia. La naturaleza misma lo quiere así, puesto que hace los cuerpos de los hombres libres diferentes de los de los esclavos, dando a éstos el vigor necesario para las obras penosas de la sociedad, y haciendo, por lo contrario, a los primeros incapaces de doblar su erguido cuerpo para dedicarse a trabajos duros, y destinándolos solamente a las funciones de la vida civil, repartida para ellos entre las ocupaciones de la guerra y las de la paz.

Muchas veces sucede lo contrario, convengo en ello; y así los hay que no tienen de hombres libres más que el cuerpo, como otros sólo tienen de tales el alma. Pero lo cierto es que si los hombres fuesen siempre diferentes unos de otros por su apariencia corporal, como lo son las imágenes de los dioses, se convendría unánimemente en que los menos hermosos deben ser los esclavos de los otros; y si esto es cierto, hablando del cuerpo, con más razón lo sería hablando del alma; pero es más difícil conocer la belleza del alma que la del cuerpo.

Sea de esto lo que quiera, es evidente que los unos son naturalmente libres y los otros naturalmente esclavos; y que para estos últimos es la esclavitud tan útil como justa.

Por lo demás, difícilmente podría negarse que la opinión contraria encierra alguna verdad. La idea de esclavitud puede entenderse de dos maneras. Puede uno ser reducido a esclavitud y permanecer en ella por la ley, siendo esta ley una convención en virtud de la que el vencido en la guerra se reconoce como propiedad del vencedor; derecho que muchos legistas consideran ilegal, y como tal lo estiman muchas veces los oradores políticos, porque es horrible, según ellos, que el más fuerte, sólo porque puede emplear la violencia, haga de su víctima un súbdito y un esclavo.

Estas dos opiniones opuestas son sostenidas igualmente por hombres sabios. La causa de este disentimiento y de los motivos alegados por una y otra parte es que la virtud tiene derecho, como medio de acción, de usar hasta de la violencia, y que la Victoria supone siempre una superioridad laudable en ciertos conceptos. Es posible creer, por tanto, que la fuerza jamás está exenta de todo mérito, y que aquí toda la cuestión estriba realmente sobre la noción del derecho, colocado por los unos en la benevolencia y la humanidad y por los otros en la dominación del más fuerte. Pero estas dos argumentaciones contrarias son en sí igualmente débiles y falsas; porque podría creerse, en vista de ambas, tomadas separadamente, que el derecho de mandar como señor no pertenece a la superioridad del mérito.

Hay gentes que, preocupadas con lo que creen un derecho, y una ley tiene siempre las apariencias del derecho, suponen que la esclavitud es justa cuando resulta del hecho de la guerra. Pero se incurre en una contradicción; porque el principio de la guerra misma puede ser injusto, y jamás se llamará esclavo al que no merezca serlo; de otra manera, los hombres de más elevado nacimiento podrían parar en esclavos, hasta por efecto del hecho de otros esclavos, porque podrían ser vendidos como prisioneros de guerra. Y así, los partidarios de esta opinión tienen el cuidado de aplicar este nombre de esclavos sólo a los bárbaros, no admitiéndose para los de su propia nación. Esto equivale a averiguar lo que se llama esclavitud natural; y esto es, precisamente, lo que hemos preguntado desde el principio.

Es necesario convenir en que ciertos hombres serían esclavos en todas partes, y que otros no podrían serlo en ninguna. Lo mismo sucede con la nobleza: las personas de que acabamos de hablar se creen nobles, no sólo en su patria, sino en todas partes; pero, por el contrario, en su opinión los bárbaros sólo pueden serlo allá entre ellos; suponen, pues, que tal raza es en absoluto libre y noble, y que tal otra sólo lo es condicionalmente. Así, la Helena de Teodectes exclama:

"¿Quién tendría el atrevimiento de llamarme esclava descendiendo yo por todos lados de la raza de los dioses?"

Esta opinión viene, precisamente, a asentar sobre la superioridad y la inferioridad naturales la diferencia entre el hombre libre y el esclavo, entre la nobleza y el estado llano. Equivale a creer que de padres distinguidos salen hijos distinguidos, del mismo modo que un hombre produce un hombre y que un animal produce un animal. Pero cierto es que la naturaleza muchas veces quiere hacerlo, pero no puede.

Con razón se puede suscitar esta cuestión y sostener que hay esclavos y hombres libres que lo son por obra de la naturaleza; se puede sostener que esta distinción subsiste realmente siempre que es útil al uno el servir como esclavo y al otro el reinar como señor; se puede sostener, en fin, que es justa, y que cada uno debe, según las exigencias de la naturaleza, ejercer el poder o someterse a él. Por consiguiente, la autoridad del señor sobre el esclavo es a la par justa y útil; lo cual no impide que el abuso de esta autoridad pueda ser funesto a ambos. Y así, entre el dueño y el esclavo, cuando es la naturaleza la que los ha hecho tales, existe un interés común, una recíproca benevolencia; sucediendo todo lo contrario cuando la ley y la fuerza por sí solas han hecho al uno señor y al otro esclavo.

Esto muestra con mayor evidencia que el poder del señor y el del magistrado son muy distintos, y que, a pesar de lo que se ha dicho, todas las autoridades no se confunden en una sola: la una recae sobre hombres libres, la otra sobre esclavos por naturaleza; la una, la autoridad doméstica, pertenece a uno sólo, porque toda familia es gobernada por un solo jefe; la otra, la del magistrado, sólo recae sobre hombres libres e iguales. Uno es señor, no porque sepa mandar, sino porque tiene cierta naturaleza: y por distinciones semejantes es uno esclavo o libre. Pero sería posible educar a los señores en la ciencia que deben practicar ni más ni menos que a los esclavos, y en Siracusa ya se ha practicado esto último, pues por dinero se instruía allí a los niños, que estaban en esclavitud, en todos los pormenores del servicio doméstico. Podríase muy bien extender sus conocimientos y enseñarles ciertas artes, como la de preparar las viandas o cualquiera otra de este género, puesto que unos servicios son más estimados o más necesarios que otros, y que, como dice el proverbio, hay diferencia de esclavo a esclavo y de señor a señor. Todos estos aprendizajes constituyen la ciencia de los esclavos. Saber emplear a los esclavos constituye la ciencia del señor, que lo es, no tanto porque posee esclavos, cuanto porque se sirve de ellos. Esta ciencia, en verdad, no es muy extensa ni tampoco muy elevada; consiste tan sólo en saber mandar lo que los esclavos deben saber hacer. Y así tan pronto como puede el señor ahorrarse este trabajo, cede su puesto a un mayordomo para consagrarse él a la vida política o a la filosofía.

La ciencia del modo de adquirir, de la adquisición natural y justa, es muy diferente de las otras dos de que acabamos de hablar; ella participa algo de la guerra y de la caza.

No necesitamos extendernos más sobre lo que teníamos que decir del señor y del esclavo.

POLÍTICA • LIBRO TERCERO,

CAPÍTULO PRIMERO

DEL ESTADO Y DEL CIUDADANO

Cuando se estudia la naturaleza particular de las diversas clases de gobiernos, la primera cuestión que ocurre es saber qué se entiende por Estado. En el lenguaje común esta palabra es muy equívoca, y el acto que según unos emana del Estado, otros le consideran como el acto de una minoría oligárquica o de un tirano. Sin embargo, el político y el legislador no tienen en cuenta otra cosa que el Estado en todos sus trabajos; y el gobierno no es más que cierta organización impuesta a todos los miembros del Estado. Pero siendo el Estado, así como cualquier otro sistema completo y formado de muchas partes, un agregado de elementos, es absolutamente imprescindible indagar ante todo qué es el ciudadano, puesto que los ciudadanos en más o menos número son los elementos mismos del Estado. Y así sepamos en primer lugar a quién puede darse el nombre de ciudadano y qué es lo que quiere decir, cuestión controvertida muchas veces y sobre la que las opiniones no son unánimes, teniéndose por ciudadano en la democracia uno que muchas veces no lo es en un Estado oligárquico. Descartaremos de la discusión a aquellos ciudadanos, que lo son sólo en virtud de un título accidental, como los que se declaran tales por medio de un decreto. [84]

No depende sólo del domicilio el ser ciudadano, porque aquél lo mismo pertenece a los extranjeros domiciliados y a los esclavos. Tampoco es uno ciudadano por el simple derecho de presentarse ante los tribunales como demandante o como demandado, porque este derecho puede ser conferido por un mero tratado de comercio. El domicilio y el derecho de entablar una acción jurídica pueden, por tanto, tenerlos las personas que no son ciudadanos. A lo más, lo que se hace en algunos Estados es limitar el goce de este derecho respecto de los domiciliados, obligándolos a prestar caución, poniendo así una restricción al derecho que se les concede. Los jóvenes, que no han llegado aún a la edad de la inscripción cívica{63}, y los ancianos que han sido ya borrados de ella, se encuentran en una posición casi análoga: unos y otros son ciertamente ciudadanos, pero no se les puede dar este título en absoluto, debiendo añadirse, respecto de los primeros, que son ciudadanos incompletos, y respecto de los segundos, que son ciudadanos jubilados. Empléese, si se quiere, cualquiera otra expresión; las palabras importan poco, puesto que se concibe sin dificultad cuál es mi pensamiento. Lo que trato de encontrar es la idea absoluta del ciudadano, exenta de todas las imperfecciones que acabamos de señalar. Respecto a los ciudadanos declarados infames y a los desterrados, ocurren las mismas dificultades y procede la misma solución.

El rasgo eminentemente distintivo del verdadero ciudadano es el goce de las funciones de juez y de magistrado. Por otra parte, las magistraturas pueden ser ya temporales, de modo que no puedan ser desempeñadas dos veces por un mismo individuo o limitadas en virtud de cualquiera otra combinación, ya generales y sin límites, como la de juez y la de miembro de la asamblea pública. Quizá se niegue que estas sean verdaderas magistraturas y que confieran poder alguno a los individuos que las desempeñan, pero sería cosa muy singular no reconocer ningún poder precisamente en aquellos que ejercen la soberanía. Por lo demás doy a esto muy poca importancia, porque es más bien cuestión de palabras. El lenguaje no tiene un término único, que nos dé la idea de juez y de miembro de la asamblea pública, y con objeto de precisar esta idea, adopto la palabra magistratura en general, y llamo ciudadanos a todos los que gozan [85] de ella. Esta definición del ciudadano se aplica mejor que ninguna otra a aquellos a quienes se da ordinariamente este nombre.

Sin embargo, es preciso no perder de vista, que en toda serie de objetos, en que éstos son específicamente desemejantes puede suceder que sea uno primero, otro segundo, y así sucesivamente, y que, a pesar de eso, no exista entre ellos ninguna relación de comunidad por su naturaleza esencial, o bien que esta relación sea sólo indirecta. En igual forma, las constituciones se nos presentan diversas en sus especies, éstas en último lugar, aquéllas en el primero; puesto que es imprescindible colocar las constituciones falseadas y corrompidas detrás de las que han conservado toda su pureza. Más adelante diré lo que entiendo por constitución corrompida. Entonces el ciudadano varía necesariamente de una constitución a otra, y el ciudadano, tal como le hemos definido, es principalmente el ciudadano de la democracia. Esto no quiere decir, que no pueda ser ciudadano en cualquier otro régimen, pero no lo será necesariamente. En algunas constituciones no se da cabida al pueblo; en lugar de una asamblea pública encontramos un senado, y las funciones de los jueces se atribuyen a cuerpos especiales, como sucede en Lacedemonia, donde los éforos se reparten todos los negocios civiles, donde los gerontes conocen en lo relativo a homicidios, y donde otras causas pueden pasar a diferentes tribunales; y como en Cartago, donde algunos magistrados tienen el privilegio exclusivo de entender en todos los juicios.

Nuestra definición de ciudadano debe por lo tanto modificarse en este sentido. Fuera de la democracia, no existe el derecho común ilimitado de ser miembro de la asamblea pública y juez. Por lo contrario, los poderes son completamente especiales; porque se puede extender a todas las clases de ciudadanos o limitar a algunas de ellas la facultad de deliberar sobre los negocios del Estado y de entender en los juicios; y esta misma facultad puede aplicarse a todos los asuntos o limitarse a algunos. Luego evidentemente es ciudadano el individuo que puede tener en la asamblea pública y en el tribunal voz deliberante, cualquiera que sea por otra parte el Estado de que es miembro; y por Estado entiendo positivamente una masa de hombres de este género, que posee todo lo preciso para satisfacer las necesidades de la existencia.

En el lenguaje actual, ciudadano es el individuo nacido de [86] padre ciudadano y de madre ciudadana, no bastando una sola de estas condiciones. Algunos son más exigentes, y quieren que tengan este requisito dos y tres ascendientes, y aún más. Pero de esta definición, que se cree tan sencilla como republicana, nace otra dificultad: la de saber si este tercero o cuarto ascendiente es ciudadano. Así Gorgias de Leoncio{64}, ya por no saber qué decir o ya por burla, pretendía que los ciudadanos de Larisa eran fabricados por operarios, que no tenían otro oficio que este, y que fabricaban larisios como un alfarero hace pucheros. Para nosotros la cuestión habría sido muy sencilla: serían ciudadanos, si gozaban de los derechos enunciados en nuestra definición; porque haber nacido de un padre ciudadano y de una madre ciudadana es una condición que no se puede razonablemente exigir a los primeros habitantes, a los fundadores de la ciudad.

Con más razón podría ponerse en duda el derecho de aquellos que han sido declarados ciudadanos a consecuencia de una revolución, como hizo Clístenes después de la expulsión de los tiranos de Atenas, introduciendo de tropel en las tribus a los extranjeros y a los esclavos domiciliados. Respecto de estos la verdadera cuestión está en saber, no si son ciudadanos, sino si lo son justa o injustamente. Es cierto que aun en este concepto podría preguntarse si uno es ciudadano cuando lo es injustamente, equivaliendo en este caso la injusticia a un verdadero error. Pero se puede responder, que vemos todos los días ciudadanos injustamente elevados al ejercicio de las funciones públicas, y no por eso son menos magistrados a nuestros ojos, por más que no lo sean justamente. El ciudadano para nosotros es un individuo revestido de cierto poder, y basta por tanto gozar de este poder para ser ciudadano, como ya hemos dicho, y en este concepto los ciudadanos hechos tales por Clístenes lo fueron positivamente.

En cuanto a la cuestión de justicia o de injusticia, se relaciona con la que habíamos suscitado en primer término: ¿tal acto ha emanado del Estado o no ha emanado? Este punto es dudoso en muchos casos. Y así, cuando la democracia sucede a la oligarquía o a la tiranía, muchos creen que se deben dejar de [87] cumplir los tratados existentes, contraídos, según dicen, no por el Estado, sino por el tirano. No hay necesidad de citar otros muchos razonamientos del mismo género, fundados todos en el principio de que el gobierno no ha sido otra cosa que un hecho de violencia sin ninguna relación con la utilidad general. Si la democracia por su parte ha contraído compromisos, sus actos son tan actos del Estado como los de la oligarquía y de la tiranía. Aquí la verdadera dificultad consiste en determinar en qué casos se debe sostener que el Estado es el mismo, y en cuáles que no es el mismo, sino que ha cambiado por completo. Se mira muy superficialmente la cuestión cuando nos fijamos sólo en el lugar y en los individuos, porque puede suceder que el Estado tenga su capital aislada y sus miembros diseminados, residiendo unos en un paraje y otros en otro. La cuestión considerada de este modo sería de fácil solución, y las diversas acepciones de la palabra ciudad bastan sin dificultad para resolverla. ¿Mas cómo se reconocerá la identidad de la ciudad, cuando el mismo lugar subsiste ocupado constantemente por los habitantes? No son las murallas las que constituyen esta unidad; porque sería posible cerrar con una muralla continua todo el Peloponeso. Hemos conocido ciudades de dimensiones tan vastas, que parecían más bien una nación que una ciudad; por ejemplo, Babilonia{65}, uno de cuyos barrios no supo que la había tomado el enemigo hasta tres días después. Por lo demás, en otra parte tendremos ocasión de tratar con provecho esta cuestión; la extensión de la ciudad es una cosa que el hombre político no debe despreciar, así como debe informarse de las ventajas de que haya una sola ciudad o muchas en el Estado.

Pero admitamos que el mismo lugar continúa siendo habitado por los mismos individuos. Entonces ¿es posible sostener, en tanto que la raza de los habitantes sea la misma, que el Estado es idéntico, a pesar de la continua alternativa de muertes y de nacimientos, lo mismo que se reconoce la identidad de los ríos y de las fuentes por más que sus ondas se renueven y corran perpetuamente? ¿O más bien debe decirse que sólo los hombres subsisten y que el Estado cambia? Si el Estado es [88] efectivamente una especie de asociación; si es una asociación de ciudadanos que obedecen a una misma constitución, mudando esta constitución y modificándose en su forma, se sigue necesariamente, al parecer, que el Estado no queda idéntico; es como el coro que, al tener lugar sucesivamente en la comedia y en la tragedia, cambia para nosotros, por más que se componga de los mismos cantores. Esta observación se aplica igualmente a toda asociación, a todo sistema que se supone cambiado cuando la especie de combinación cambia también; sucede lo que con la armonía, en la que los mismos sonidos pueden dar lugar, ya al tono dórico, ya al tono frigio. Si esto es cierto, a la constitución es a la que debe atenderse para resolver sobre la identidad del Estado. Puede suceder por otra parte, que reciba una denominación diferente, subsistiendo los mismos individuos que le componen, o que conserve su primera denominación a pesar del cambio radical de sus individuos.

Cuestión distinta es la de averiguar si conviene, a seguida de una revolución, cumplir los compromisos contraídos o romperlos.

{63} El registro público que llevaban en Atenas los lexiarcas.

{64} Gorgias de Leoncio, sofista contemporáneo de Pericles, y cuyo nombre lleva uno de los diálogos de Platón.

{65} Diodoro (lib. II, pág. 95) supone que Babilonia tenía trescientos sesenta estadios en redondo, o sean catorce leguas.

CAPÍTULO II

Continuación del mismo asunto

La cuestión que viene después de la anterior, es la de saber si hay identidad entre la virtud del individuo privado y la virtud del ciudadano, o si difieren una de otra. Para proceder debidamente en esta indagación, es preciso ante todo que nos formemos idea de la virtud del ciudadano.

El ciudadano, como el marinero, es miembro de una asociación. A bordo, aunque cada cual tenga un empleo diferente, siendo uno remero, otro piloto, éste segundo, aquél el encargado de tal o de cual función, es claro que, a pesar de las funciones o deberes que constituyen, propiamente hablando, una virtud especial para cada uno de ellos, todos sin embargo concurren a un fin común, es decir, a la salvación de la tripulación, que todos tratan de asegurar, y a que todos aspiran igualmente. Los miembros de la ciudad se parecen exactamente a los marineros; no obstante la diferencia de sus destinos, la [89] prosperidad de la asociación es su obra común, y la asociación en este caso es el Estado. La virtud del ciudadano, por tanto, se refiere exclusivamente al Estado. Pero, como el Estado reviste muchas formas, es claro que la virtud del ciudadano en su perfección no puede ser una; la virtud, que constituye al hombre de bien, por el contrario, es una y absoluta. De aquí, como conclusión evidente, que la virtud del ciudadano puede ser distinta de la del hombre privado.

También se puede tratar esta cuestión desde un punto de vista diferente, que se relaciona con la indagación de la república perfecta. En efecto, si es imposible que el Estado cuente entre sus miembros sólo hombres de bien, y si cada cual debe, sin embargo, llenar escrupulosamente las funciones que le han sido confiadas, lo cual supone siempre alguna virtud, como es no menos imposible que todos los ciudadanos obren idénticamente, desde este momento es preciso confesar que no puede existir identidad entre la virtud política y la virtud privada. En la república perfecta, la virtud cívica deben tenerla todos, puesto que es condición indispensable de la perfección de la ciudad; pero no es posible que todos ellos posean la virtud propia del hombre privado, a no admitir en esta ciudad modelo, que todos los ciudadanos han de ser necesariamente hombres de bien. Más aún; el Estado se forma de elementos desemejantes, y así como el ser vivo se compone esencialmente de un alma y un cuerpo; el alma, de la razón y del instinto; la familia, del marido y de la mujer; la propiedad, del dueño y del esclavo, en igual forma todos aquellos elementos se encuentran en el Estado acompañados también de otros no menos heterogéneos, lo cual impide necesariamente que haya unidad de virtud en todos los ciudadanos, así como no puede haber unidad de empleo en los coros, en los cuales uno es corifeo y otro bailarín de comparsa.

Es por tanto muy cierto, que la virtud del ciudadano y la virtud tomada en general no son absolutamente idénticas.

¿Pero quién podrá entonces reunir esta doble virtud, la del buen ciudadano y la del hombre de bien? Ya lo he dicho: el magistrado digno del mando que ejerce, y que es a la vez virtuoso y hábil; porque la habilidad no es menos necesaria que la virtud para el hombre de Estado. Y así se ha dicho, que era preciso dar a los hombres destinados a ejercer el poder una [90] educación especial; y realmente vemos a los hijos de los reyes aprender particularmente la equitación y la política. Eurípides mismo, cuando dice{66}:

«Nada de esas vanas habilidades, que son inútiles para el Estado»,

parece creer que se puede aprender a mandar. Luego si la virtud del buen magistrado es idéntica a la del hombre de bien, y si se permanece siendo ciudadano en el acto mismo de obedecer a un superior, la virtud del ciudadano en general no puede ser entonces absolutamente idéntica a la del hombre de bien. Lo será sólo la virtud de cierto y determinado ciudadano, puesto que la virtud de los ciudadanos no es idéntica a la del magistrado que los gobierna; y este era sin duda el pensamiento de Jason{67} cuando decía: «Que se moriría de miseria, si cesara de reinar, puesto que no había aprendido a vivir como simple particular.» No se estima como menos elevado el talento de saber a la par obedecer y mandar; y en esta doble perfección, relativa al mando y a la obediencia, se hace consistir ordinariamente la suprema virtud del ciudadano. Pero si el mando debe ser patrimonio del hombre de bien, y el saber obedecer y el saber mandar son condiciones indispensables en el ciudadano, no se puede ciertamente decir que sean ambos dignos de alabanzas absolutamente iguales. Deben concederse estos dos puntos: primero, que el ser que obedece y el que manda no deben aprender las mismas cosas; segundo, que el ciudadano debe poseer ambas cualidades: la de saber ejercer la autoridad y la de resignarse a la obediencia. He aquí cómo se prueban estas dos aserciones.

Hay un poder propio del señor, el cual, como ya hemos reconocido, sólo es relativo a las necesidades indispensables de la vida; no exige que el mismo ser que manda sea capaz de trabajar. Más bien exige que sepa emplear a los que le obedecen: lo demás toca al esclavo; y entiendo por lo demás la fuerza necesaria para desempeñar todo el servicio doméstico. Las especies de esclavos son tan numerosas como lo son los diversos oficios; y podrían muy bien comprenderse en ellos los artesanos, que viven del trabajo de sus manos; y entre los artesanos deben incluirse también todos los obreros de las profesiones mecánicas; [91] y he aquí por qué en algunos Estados han sido excluidos los obreros de las funciones públicas, las cuales no han podido obtener sino en medio de los excesos de la democracia. Pero ni el hombre virtuoso, ni el hombre de Estado, ni el buen ciudadano, tienen necesidad de saber todos estos trabajos, como lo saben los hombres destinados a la obediencia, a no ser cuando de ello les resulte una utilidad personal. En el Estado no se trata de señores ni de esclavos; en él no hay más que una autoridad, que se ejerce sobre seres libres e iguales por su nacimiento. Esta es la autoridad política que debe tratar de conocer el futuro magistrado, comenzando por obedecer él mismo; así como se aprende a mandar un cuerpo de caballería, siendo simple soldado: a ser general, ejecutando las órdenes de un general: a conducir una falange, un batallón, sirviendo como soldado en éste o en aquélla. En este sentido es en el que puede sostenerse con razón, que la única y verdadera escuela del mando es la obediencia{68}.

No es menos cierto que el mérito de la autoridad y el de la sumisión son muy diversos, bien que el buen ciudadano deba reunir en sí la ciencia y la fuerza de la obediencia y del mando, consistiendo su virtud precisamente en conocer estas dos fases opuestas del poder que se ejerce sobre los seres libres. También debe conocerlas el hombre de bien, y si la ciencia y la equidad con relación al mando son distintas de la ciencia y de la equidad respecto de la obediencia, puesto que el ciudadano subsiste siendo libre en el acto mismo que obedece; las virtudes del ciudadano, como, por ejemplo, su ciencia, no pueden ser constantemente las mismas, sino que deben variar de especie, según que obedezca o que mande. Del mismo modo el valor y la prudencia difieren completamente de la mujer al hombre. Un hombre parecería cobarde, si sólo tuviese el valor de una mujer valiente; y una mujer parecería charlatana, si no mostrara otra reserva que la que muestra el hombre que sabe conducirse como es debido. Así también en la familia, las funciones del hombre y las de la mujer son muy opuestas, consistiendo el deber de aquél en adquirir, y el de ésta en conservar. La única virtud especial exclusiva del mando es la prudencia; todas las demás son igualmente propias de los que obedecen y de los que mandan. La prudencia no es la virtud del súbdito; la virtud propia de éste [92] es una justa confianza en su jefe; el ciudadano que obedece, es como el fabricante de flautas; el ciudadano que manda, es como el artista que debe servirse del instrumento.

Esta discusión ha tenido por objeto hacer ver hasta qué punto la virtud política y la virtud privada son idénticas o diferentes, en qué se confunden, y en qué se separan una de otra.

CAPÍTULO III

Conclusión del asunto anterior

Aún falta una cuestión que resolver respecto al ciudadano. ¿No es uno realmente ciudadano sino en tanto que pueda entrar a participar del poder público, o debe comprenderse a los artesanos entre los ciudadanos? Si se da este título también a individuos excluidos del poder público, entonces el ciudadano no tiene en general la virtud y el carácter que nosotros le hemos asignado, puesto que de un artesano se hace un ciudadano. Pero si se niega este título a los artesanos, ¿cuál será su puesto en la ciudad? No pertenecen ciertamente ni a la clase de extranjeros, ni a la de los domiciliados. Puede decirse, en verdad, que en esto no hay nada de particular, puesto que ni los esclavos ni los libertos pertenecen tampoco a las clases de que acabamos de hablar. Pero ciertamente no se deben elevar a la categoría de ciudadanos a todos los individuos de que el Estado tenga necesidad. Y así los niños no son ciudadanos como los hombres; éstos lo son de una manera absoluta, aquéllos lo son en esperanza; son ciudadanos sin duda, pero imperfectos. En otro tiempo, en algunos Estados, todos los artesanos eran esclavos o extranjeros; y en la mayor parte de aquéllos sucede hoy lo mismo. Pero una constitución perfecta{69} no admitirá nunca al artesano entre los ciudadanos. Si se quiere que el artesano sea también ciudadano, entonces la virtud del ciudadano, tal como la hemos definido, debe entenderse con relación, no a todos los hombres de la ciudad, ni aun a todos los que tienen solamente la cualidad de libres, sino tan sólo respecto de aquellos que no tienen [93] que trabajar necesariamente para vivir. Trabajar para un individuo en las cosas indispensables de la vida es ser esclavo; trabajar para el público es ser obrero y mercenario. Basta prestar a estos hechos alguna atención, para que la cuestión sea perfectamente clara una vez que se la presenta en esta forma. En efecto, siendo diversas las constituciones, las condiciones de los ciudadanos lo han de ser tanto como aquéllas; y esto es cierto sobre todo con relación al ciudadano considerado como súbdito. Por consiguiente en una constitución el obrero y el mercenario serán de toda necesidad ciudadanos; en la de otro punto no podrían serlo de ninguna manera; por ejemplo, en el Estado que nosotros llamamos aristocrático, en el cual el honor de desempeñar las funciones públicas está reservado a la virtud y a la consideración; porque el aprendizaje de la virtud es incompatible con la vida de artesano y de obrero. En las oligarquías, el mercenario no puede ser ciudadano, porque el acceso a las magistraturas sólo está abierto a los que figuran a la cabeza del censo; pero el artesano puede llegar a serlo, puesto que los más de ellos llegan a hacer fortuna. En Tebas, la ley excluía de toda función al que diez años antes no había cesado de ejercer el comercio. Casi todos los gobiernos han declarado ciudadanos a hombres extranjeros; y en algunas democracias, el derecho político puede adquirirse por la línea materna. Así también generalmente se han dictado leyes para la admisión de los bastardos, pero esto ha nacido de la escasez de verdaderos ciudadanos, y todas estas leyes no tienen otro origen que la falta de hombres{70}. Cuando, por lo contrario, la población abunda, se eliminan, en primer lugar los ciudadanos nacidos de padre o de madre esclavos, después los que son ciudadanos sólo por la línea materna, y en fin sólo se admiten aquellos, cuyo padre y cuya madre eran ciudadanos.

Hay, por tanto, indudablemente diversas especies de ciudadanos, y sólo lo es plenamente el que tiene participación en los poderes públicos. Si Homero pone en boca de Aquiles estas palabras:

«¡Yo, tratado como un vil extranjero!»,

Es que a sus ojos es uno extranjero en la ciudad, cuando no participa de las funciones públicas; y allí donde se tiene cuidado de velar estas diferencias políticas, se hace únicamente al intento de halagar a los que no tienen en la ciudad otra cosa que el domicilio.

Toda la discusión precedente ha demostrado en qué la virtud del hombre de bien y la virtud del ciudadano son idénticas, y en qué difieren; hemos hecho ver, que en un Estado el ciudadano y el hombre virtuoso no son más que uno, que en otro se separan; y en fin, que no todos son ciudadanos, sino que este título pertenece sólo al hombre político, que es o puede ser dueño de ocuparse, personal o colectivamente, de los intereses comunes.

————

CAPÍTULO IV

División de los gobiernos y de las Constituciones

Una vez fijados estos puntos, la primera cuestión que se presenta es la siguiente: ¿Hay una o muchas constituciones políticas? Si existen muchas, ¿cuáles son su naturaleza, su número y sus diferencias? La constitución es la que determina con relación al Estado la organización regular de todas las magistraturas, sobre todo de la soberana, y el soberano de la ciudad es en todas partes el gobierno; el gobierno es, pues, la constitución misma. Me explicaré: en las democracias, por ejemplo, es el pueblo el soberano; en las oligarquías, por lo contrario, lo es la minoría compuesta de los ricos; y así se dice, que las constituciones de la democracia y de la oligarquía son esencialmente diferentes; y las mismas distinciones podemos hacer respecto de todas las demás.

Aquí es preciso recordar cuál es el fin asignado por nosotros al Estado, y cuáles son las diversas clases que hemos reconocido en los poderes, tanto en los que se ejercen sobre el individuo como en los que se refieren a la vida común. En el principio de este trabajo hemos dicho, al hablar de la administración doméstica y de la autoridad del señor, que el hombre es por naturaleza sociable, con lo cual quiero decir, que los hombres, aparte de la necesidad de auxilio mutuo, desean invenciblemente la vida social. Esto no impide, que cada uno de ellos la busque movido [95] por su utilidad particular y por el deseo de encontrar en ella la parte individual de bienestar que pueda corresponderle. Este es ciertamente el fin de todos en general y de cada uno en particular; pero se unen, sin embargo, aunque sea únicamente por el solo placer de vivir; y este amor a la vida es sin duda una de las perfecciones de la humanidad. Y aun cuando no se encuentre en ella otra cosa que la seguridad de la vida, se apetece la asociación política, a menos que la suma de males que ella cause llegue a hacerla verdaderamente intolerable. Ved, en efecto, hasta qué punto sufren la miseria la mayor parte de los hombres por el simple amor de la vida; la naturaleza parece haber puesto en esto un goce y una dulzura inexplicables. Por lo demás, es bien fácil distinguir los diversos géneros de poder de que queremos hablar aquí, y que son con frecuencia objeto de discusión de nuestras obras exotéricas. Bien que el interés del señor y el de su esclavo se identifiquen, cuando es verdaderamente la voz de la naturaleza la que le asigna a aquéllos el puesto que ambos deben ocupar, el poder del señor tiene, sin embargo, por objeto directo la utilidad del dueño mismo, y por fin accidental la ventaja del esclavo, porque una vez destruido el esclavo, el poder del señor desaparece con él. El poder del padre sobre los hijos, sobre la mujer, sobre la familia entera, poder que hemos llamado doméstico, tiene por objeto el interés de los administrados, o si se quiere, un interés común a los mismos y al que los rige. Aun cuando este poder esté constituido principalmente en bien de los administrados, puede, según sucede en muchas artes, como en la medicina y la gimnástica, convertirse secundariamente en ventaja del que gobierna. Así el gimnasta puede muy bien mezclarse con los jóvenes a quienes enseña, como el piloto es siempre a bordo uno de los tripulantes. El fin a que aspiran así el gimnasta como el piloto es el bien de todos los que están a su cargo; y si llega el caso de que se mezclen con sus subordinados, sólo participan de la ventaja común accidentalmente, el uno como simple marinero, el otro como discípulo, a pesar de su cualidad de profesor. En los poderes políticos, cuando la perfecta igualdad de los ciudadanos, que son todos semejantes, constituye la base de aquéllos, todos tienen el derecho de ejercer la autoridad sucesivamente. Por el pronto, todos consideran, y es natural, esta alternativa como perfectamente legítima, y conceden a otro el derecho de resolver [96] acerca de sus intereses, así como ellos han decidido anteriormente de los de aquél; pero más tarde, las ventajas, que proporcionan el poder y la administración de los intereses generales, inspiran a todos los hombres el deseo de perpetuarse en el ejercicio del cargo; y si la continuidad en el mando pudiese por sí sola curar infaliblemente una enfermedad de que se viesen atacados, no serían más codiciosos en retener la autoridad una vez que disfrutan de ella.

Luego evidentemente{72} todas las constituciones hechas en vista del interés general, son puras, porque practican rigurosamente la justicia; y todas las que sólo tienen en cuenta el interés personal de los gobernantes, están viciadas en su base, y no son más que una corrupción de las buenas constituciones; ellas se aproximan al poder del señor sobre el esclavo, siendo así que la ciudad no es más que una asociación de hombres libres.

Después de los principios que acabamos de sentar, podemos examinar el número y la naturaleza de las constituciones. Nos ocuparemos primero de las constituciones puras; y una vez fijadas éstas, será fácil reconocer las constituciones corrompidas.

CAPÍTULO V

División de los gobiernos

Siendo cosas idénticas el gobierno y la constitución, y siendo el gobierno señor supremo de la ciudad, es absolutamente preciso que el señor sea o un solo individuo, o una minoría, o la multitud de los ciudadanos. Cuando el dueño único, o la minoría o la mayoría gobiernan consultando el interés general, la constitución es pura necesariamente; cuando gobiernan en su propio interés, sea el de uno sólo, sea el de la minoría, sea el de la multitud, la constitución se desvía del camino trazado por su fin{73}, puesto que, una de dos cosas, o los miembros de la asociación no son verdaderamente ciudadanos o lo son, y en este caso deben tener su parte en el provecho común. [97]

Cuando la monarquía o gobierno de uno sólo tiene por objeto el interés general, se le llama comúnmente reinado. Con la misma condición, al gobierno de la minoría, con tal que no esté limitada a un solo individuo, se le llama aristocracia; y se la denomina así, ya porque el poder está en manos de los hombres de bien, ya porque el poder no tiene otro fin que el mayor bien del Estado y de los asociados. Por último, cuando la mayoría gobierna en bien del interés general, el gobierno recibe como denominación especial la genérica de todos los gobiernos, y se le llama república. Estas diferencias de denominación son muy exactas. Una virtud superior puede ser patrimonio de un individuo o de una minoría; pero una mayoría no puede designársela por ninguna virtud especial, si se exceptúa la virtud guerrera, la cual se manifiesta principalmente en las masas; como lo prueba el que, en el gobierno de la mayoría, la parte más poderosa del Estado es la guerrera; y todos los que tienen armas son en él ciudadanos.

Las desviaciones de estos gobiernos son: la tiranía que lo es del reinado{74}; la oligarquía que lo es de la aristocracia; la demagogia que lo es de la república. La tiranía es una monarquía que sólo tiene por fin el interés personal del monarca; la oligarquía tiene en cuenta tan sólo el interés particular de los ricos; la demagogia, el de los pobres. Ninguno de estos gobiernos piensa en el interés general.

Es indispensable que nos detengamos algunos instantes a notar la naturaleza propia de cada uno de estos tres gobiernos; porque la materia ofrece dificultades. Cuando observamos las cosas filosóficamente, y no queremos limitarnos tan sólo al hecho práctico, se debe, cualquiera que sea el método que por otra parte se adopte, no omitir ningún detalle ni despreciar ningún pormenor, sino mostrarlos todos en su verdadera luz.

La tiranía, como acabo de decir, es el gobierno de uno sólo, que reina como señor sobre la asociación política; la oligarquía es el predominio político de los ricos; y la demagogia, por lo contrario, el predominio de los pobres con exclusión de los ricos. Veamos una objeción que se hace a esta última definición. Si la mayoría, dueña del Estado, se compone de ricos, y el gobierno [98] es de la mayoría, se llama demagogia; y, recíprocamente, si da la casualidad de que los pobres, estando en minoría relativamente a los ricos, sean sin embargo dueños del Estado a causa de la superioridad de sus fuerzas, debiendo el gobierno de la minoría llamarse oligarquía, las definiciones que acabamos de dar son inexactas. No se resuelve esta dificultad mezclando las ideas de riqueza y minoría, y las de miseria y mayoría, reservando el nombre de oligarquía para el gobierno en que los ricos, que están en minoría, ocupen los empleos, y el de la demagogia para el Estado en que los pobres, que están en mayoría, son los señores. Porque, ¿cómo clasificar las dos formas de constitución que acabamos de suponer: una en que los ricos forman la mayoría; otra en que los pobres forman la minoría; siendo unos u otros soberanos del Estado?, a no ser que hayamos dejado de comprender en nuestra enumeración alguna otra forma política. Pero la razón nos dice sobradamente, que la dominación de la minoría y de la mayoría son cosas completamente accidentales, ésta en las oligarquías, aquélla en las democracias; porque los ricos constituyen en todas partes la minoría, como los pobres constituyen dondequiera la mayoría. Y así las diferencias indicadas más arriba no existen verdaderamente. Lo que distingue esencialmente la democracia de la oligarquía, es la pobreza y la riqueza; y donde quiera que el poder esté en manos de los ricos, sean mayoría o minoría, es una oligarquía; y donde quiera que esté en las de los pobres, es una demagogia. Pero no es menos cierto, repito, que generalmente los ricos están en minoría, y los pobres en mayoría; la riqueza pertenece a pocos, pero la libertad a todos. Estas son las causas de las disensiones políticas entre ricos y pobres.

Veamos ante todo cuáles son los límites que se asignan a la oligarquía y a la demagogia, y lo que se llama derecho en una y en otra. Ambas partes reivindican un cierto derecho, que es muy verdadero. Pero de hecho su justicia no pasa de cierto punto, y no es el derecho absoluto el que establecen ni los unos ni los otros. Así la igualdad parece de derecho común, y sin duda lo es, no para todos sin embargo, sino sólo entre iguales; y lo mismo sucede con la desigualdad: es ciertamente un derecho, pero no respecto de todos, sino de individuos que son desiguales entre sí. Si se hace abstracción de los individuos, se corre el peligro de formar un juicio erróneo. Lo que sucede en [99] esto es que los jueces son jueces y partes, y ordinariamente es uno mal juez en causa propia. El derecho limitado a algunos, pudiendo aplicarse lo mismo a las cosas que a las personas, como dije en la Moral, se concede sin dificultad cuando se trata de la igualdad misma de la cosa, pero no así cuando se trata de las personas a quienes pertenece esta igualdad; y esto, lo repito, nace de que se juzga muy mal cuando es uno interesado en el asunto. Porque unos y otros son expresión de cierta parte del derecho, ya creen que lo son del derecho absoluto: de un lado superiores unos en un punto, en riqueza, por ejemplo, se creen superiores en todo; de otro, iguales otros en un punto, en libertad, por ejemplo, se creen absolutamente iguales. Por ambos lados se olvida lo capital.

Si la asociación política sólo estuviera formada en vista de la riqueza, la participación de los asociados en el Estado estaría en proporción directa de sus propiedades, y los partidarios de la oligarquía tendrían entonces plenísima razón; porque no sería equitativo que el asociado, que de cien minas sólo ha puesto una, tuviese la misma parte que el que hubiere suministrado el resto, ya se aplique esto a la primera entrega, ya a las adquisiciones sucesivas. Pero la asociación política tiene por fin, no sólo la existencia material de todos los asociados, sino también su felicidad y su virtud; de otra manera podría establecerse entre esclavos o entre otros seres que no fueran hombres, los cuales no forman asociación por ser incapaces de felicidad y de libre albedrío. La asociación política no tiene tampoco por único objeto la alianza ofensiva y defensiva entre los individuos, ni sus relaciones mutuas, ni los servicios que pueden recíprocamente hacerse; porque entonces los etruscos y los cartagineses y todos los pueblos unidos mediante tratados de comercio deberían ser considerados como ciudadanos de un solo y mismo Estado, merced a sus convenios sobre las importaciones, sobre la seguridad individual, sobre los casos de una guerra común; aunque cada uno de ellos tiene, no un magistrado común para todas estas relaciones, sino magistrados separados, perfectamente indiferentes en punto a la moralidad de sus aliados respectivos, por injustos y por perversos que puedan ser los comprendidos en estos tratados, y atentos sólo a precaver recíprocamente todo daño. Pero como la virtud y la corrupción política son las cosas que principalmente tienen en cuenta los que sólo quieren buenas leyes, [100] es claro que la virtud debe ser el primer cuidado de un Estado que merezca verdaderamente este título, y que no lo sea solamente en el nombre. De otra manera, la asociación política vendría a ser a modo de una alianza militar entre pueblos lejanos, distinguiéndose apenas de ella por la unidad de lugar; y la ley entonces sería una mera convención; y no sería, como ha dicho el sofista Licofron, «otra cosa que una garantía de los derechos individuales, sin poder alguno sobre la moralidad y la justicia personales de los ciudadanos». La prueba de esto es bien sencilla. Reúnanse con el pensamiento localidades diversas, y enciérrense dentro de una sola muralla a Megara y Corinto{75}; ciertamente que no por esto se habrá formado con tan vasto recinto una ciudad única, aun suponiendo que todos los en ella encerrados hayan contraído entre sí matrimonio, vínculo que se considera como el más esencial de la asociación civil. O si no, supóngase cierto número de hombres que viven aislados los unos de los otros, pero no tanto, sin embargo, que no puedan estar en comunicación; supóngase que tienen leyes comunes sobre la justicia mutua que deben observar en las relaciones mercantiles, pues que son, unos carpinteros, otros labradores, zapateros, &c., hasta el número de diez mil, por ejemplo; pues bien, si sus relaciones se limitan a los cambios diarios y a la alianza en caso de guerra, esto no constituirá todavía una ciudad. ¿Y por qué? En verdad no podrá decirse que en este caso los lazos de la sociedad no sean bien fuertes. Lo que sucede es que cuando una asociación es tal que cada uno sólo ve el Estado en su propia casa, y la unión es sólo una simple liga contra la violencia, no hay ciudad, si se mira de cerca; las relaciones de la unión no son en este caso más que las que hay entre individuos aislados. Luego evidentemente la ciudad no consiste en la comunidad del domicilio, ni en la garantía de los derechos individuales, ni en las relaciones mercantiles y de cambio; estas condiciones preliminares son muy indispensables para que la ciudad exista; pero aun suponiéndolas reunidas, la ciudad no existe todavía. La ciudad es la asociación del bienestar y de la virtud, para bien de las familias y de las diversas clases de habitantes, para alcanzar una existencia completa que se basta a sí misma. [101]

Sin embargo, no podría alcanzarse este resultado sin la comunidad de domicilio y sin el auxilio de los matrimonios; y esto es lo que ha dado lugar en los Estados a las alianzas de familia, a las fratrias, a los sacrificios públicos y a las fiestas en que se reúnen los ciudadanos. La fuente de todas estas instituciones es la benevolencia, sentimiento que arrastra al hombre a preferir la vida común; y siendo el fin del Estado el bienestar de los ciudadanos, todas estas instituciones no tienden sino a afianzarle. El Estado no es más que una asociación, en la que las familias reunidas por barrios deben encontrar todo el desenvolvimiento y todas las comodidades de la existencia; es decir, una vida virtuosa y feliz. Y así la asociación política tiene ciertamente por fin la virtud y la felicidad de los individuos, y no sólo la vida común. Los que contribuyen con más a este fondo general de la asociación tienen en el Estado una parte mayor que los que, iguales o superiores por la libertad o por el nacimiento, tienen, sin embargo, menos virtud política; y mayor también que la que corresponde a aquellos que, superándoles por la riqueza, son inferiores a ellos, sin embargo, en mérito.

Puedo concluir de todo lo dicho, que evidentemente, al formular los ricos y los pobres opiniones tan opuestas sobre el poder, no han encontrado ni unos ni otros más que una parte de la verdad y de la justicia.

CAPÍTULO VI

De la soberanía

Es un gran problema el saber a quién corresponde la soberanía en el Estado. No puede menos de pertenecer o a la multitud, o a los ricos, o a los hombres de bien, o a un solo individuo que sea superior por sus talentos, o a un tirano. Pero, al parecer, por todos lados hay dificultades. ¡Qué!, ¿los pobres, porque están en mayoría, podrán repartirse los bienes de los ricos; y esto no será una injusticia, porque el soberano de derecho propio haya decidido que no lo es? ¡Horrible iniquidad! Y cuando todo se haya repartido, si una segunda mayoría se reparte de nuevo los bienes de la minoría, el Estado evidentemente perecerá. Pero la virtud no destruye aquello en que [102] reside; la justicia no es una ponzoña para el Estado. Este pretendido derecho no puede ser ciertamente otra cosa que una patente injusticia.

Por el mismo principio, todo lo que haga el tirano será necesariamente justo; empleará la violencia, porque será más fuerte, del mismo modo que los pobres lo eran respecto de los ricos. ¿Pertenecerá el poder de derecho a la minoría o a los ricos? Pero si se conducen como los pobres y como el tirano, si roban a la multitud y la despojan, ¿esta expoliación será justa? Entonces también se tendrá por justo lo que hacen los primeros.

Como se ve, no resulta de todos lados otra cosa que crímenes e iniquidades.

¿Debe ponerse la soberanía absoluta para la resolución de todos los negocios en manos de los ciudadanos distinguidos? Entonces vendría a envilecerse a todas las demás clases, que quedan excluidas de las funciones públicas; el desempeño de éstas es un verdadero honor, y la perpetuidad en el poder de algunos ciudadanos rebaja necesariamente a los demás. ¿Será mejor dar el poder a un hombre solo, a un hombre superior? Pero esto es exagerar el principio oligárquico, y dejar excluida de las magistraturas una mayoría más considerable aún. Además se cometería una falta grave si se sustituyera la soberanía de la ley con la soberanía de un individuo, siempre sometido a las mil pasiones que agitan a toda alma humana. Pero se dirá: que sea la ley la soberana. Ya sea oligárquica, ya democrática, ¿se habrán salvado mejor todos los escollos? De ninguna manera. Los mismos peligros que acabamos de señalar, subsistirán siempre.

En otra parte volveremos a tratar este punto.

Atribuir la soberanía a la multitud antes que a los hombres distinguidos, que están siempre en minoría, puede parecer una solución equitativa y verdadera de la cuestión, aunque aún no resuelva todas las dificultades. Puede en efecto admitirse que la mayoría, cuyos miembros tomados separadamente{76} no son hombres notables, está, sin embargo, por cima de los hombres superiores, si no individualmente, por lo menos en masa, a la manera que una comida a escote es más espléndida que la que pueda dar un particular a sus solas expensas. En esta multitud, cada individuo tiene su parte de virtud y de ilustración, y [103] todos reunidos forman, por decirlo así, un solo hombre, que tiene manos, pies, sentidos innumerables, un carácter moral y una inteligencia en proporción. Por esto la multitud juzga con exactitud las composiciones músicas y poéticas; éste da su parecer sobre un punto, aquél sobre otro, y la reunión entera juzga el conjunto de la obra. El hombre distinguido, tomado individualmente, se dice, difiere de la multitud, como la belleza difiere de la fealdad; como un buen cuadro producto del arte difiere de la realidad, mediante la reunión en un solo cuerpo de todos los rasgos de belleza desparramados por todas partes, lo cual no impide, que, si se analizan las cosas, sea posible encontrar otro cuerpo mejor que el del cuadro y que tenga ojos más bellos o mejor otra cualquiera parte del cuerpo. No afirmaré que en toda multitud o en toda gran reunión sea ésta la diferencia constante entre la mayoría y el pequeño número de hombres distinguidos; y ciertamente podría decirse más bien, sin temor de equivocarse, que en más de un caso semejante diferencia es imposible; porque podría aplicarse la comparación hasta los animales, ¿pues en qué, pregunto, se diferencian ciertos hombres de los animales? Pero la aserción, si se limita a una multitud dada, puede ser completamente exacta.

Estas consideraciones tocan a nuestra primera pregunta relativa al soberano, y a la siguiente, que está íntimamente ligada con ella. ¿A qué cosas debe extenderse la soberanía de los hombres libres y de la masa de los ciudadanos? Entiendo por masa de los ciudadanos la constituida por todos los hombres de una fortuna y un mérito ordinario. Es peligroso confiarles las magistraturas importantes; por falta de equidad y de luces, serán injustos en unos casos y se engañarán en otros. Excluirlos de todas las funciones, no es tampoco oportuno: un Estado en el que hay muchos individuos pobres y privados de toda distinción pública, cuenta necesariamente en su seno otros tantos enemigos. Pero puede dejárseles el derecho de deliberar sobre los negocios públicos y el derecho de juzgar. Así Solón y algunos otros legisladores les han concedido la elección y la censura de los magistrados, negándoles absolutamente las funciones individuales. Cuando están reunidos, la masa percibe siempre las cosas con suficiente inteligencia; y unida a los hombres distinguidos, sirve al Estado, a la manera que, mezclando manjares poco escogidos con otros delicados, se produce una cantidad más fuerte y más [104] provechosa de alimentos. Pero los individuos tomados aisladamente son incapaces de formar verdaderos juicios.

A este principio político se puede hacer una objeción, y preguntar, si cuando se trata de juzgar del mérito de un tratamiento curativo, no es imprescindible acudir a la misma persona que sería capaz de curar el mismo mal de que se trata, si llegara el caso, es decir, acudir a un médico; a lo cual añado yo, que este razonamiento puede aplicarse a todas las demás artes y a todos los casos en que la experiencia desempeña el principal papel. Luego si los jueces naturales del médico son los médicos, lo mismo sucederá en todas las demás cosas. Médico significa a la vez el que ejecuta el remedio ordenado, el que lo prescribe y el que ha estudiado esta ciencia. Puede decirse que todas las artes tienen como la medicina parecidas divisiones, y el derecho de juzgar lo mismo se concede a la ciencia teórica que a la instrucción práctica.

A la elección de los magistrados hecha por la multitud puede hacerse la misma objeción. Sólo los que saben hacer las cosas, se dirá, tienen las luces necesarias para elegir bien. Al geómetra corresponde escoger los geómetras, y al piloto escoger los pilotos; porque, si se pueden hacer en ciertas artes algunas cosas sin previo aprendizaje, no por eso las harán mejor los ignorantes que los hombres entendidos. Y así por esta misma razón no debe dejarse a la multitud, ni el derecho de elegir los magistrados, ni el derecho de exigir a éstos cuenta de su conducta. Pero quizá esta objeción no es muy exacta, si tenemos en cuenta las razones que antes expuse, a no ser que supongamos una multitud completamente degradada. Los individuos aislados no juzgarán con tanto acierto como los sabios, convengo en ello; pero reunidos todos, o valen más, o no valen menos. El artista no es el único ni el mejor juez en muchas cosas y en todos aquellos casos en que se puede conocer muy bien su obra sin poseer su arte. El mérito de una casa, por ejemplo, puede ser estimado por el que la ha construido, pero mejor lo apreciará todavía el que la habita; esto es, el jefe de familia. De igual modo el timonel de un buque conocerá mejor el mérito de los timones que el carpintero que los hace; y el convidado, no el cocinero, será el mejor juez de un festín{77}. [105]

Estas consideraciones son las suficientes para contestar a la primera objeción.

He aquí otra que tiene relación con la anterior. No hay motivo, se dirá, para dar a la muchedumbre sin mérito un poder mayor que a los ciudadanos distinguidos. Nada es superior a este derecho de elección y de censura, que muchos Estados, como ya he dicho, han concedido a las clases inferiores, y que éstas ejercen soberanamente en la asamblea pública. Esta asamblea, el senado y los tribunales están abiertos mediante un censo moderado a los ciudadanos de todas edades; y al mismo tiempo para las funciones de tesorero, de general y para las demás magistraturas importantes se exige que ocupen un puesto elevado en el censo.

La respuesta a esta segunda objeción no es tampoco difícil. Quizá las cosas no estén mal en la forma en que se encuentran. No es el individuo, juez, senador, miembro de la asamblea pública, el que falla soberanamente; es el tribunal, es el senado, es el pueblo, de los cuales este individuo no es más que una fracción mínima en su triple carácter de senador, de juez y de miembro de la asamblea general. Desde este punto de vista es justo que la multitud tenga un poder más amplio, porque ella es la que forma el pueblo, el senado y el tribunal. La riqueza poseída por esta masa entera sobrepuja a la que poseen individualmente en su minoría todos los que desempeñan los cargos más eminentes. No diré más sobre esta materia. Pero en cuanto a la primera cuestión que sentamos, relativa a la persona del soberano, la consecuencia más evidente que se desprende de nuestra discusión es, que la soberanía debe pertenecer a las leyes, fundadas en la razón{78}, y que el magistrado, único o múltiple, sólo debe ser soberano en aquellos puntos en que la ley no ha dispuesto nada por la imposibilidad de precisar en reglamentos generales todos los pormenores. Aún no hemos dicho lo que deben ser las leyes fundadas en la razón, y nuestra primera cuestión queda en pie. Sólo diré que las leyes son de toda necesidad lo que son los gobiernos; malas o buenas, justas o inicuas, según que ellos son lo uno o lo otro. Por lo menos es de toda evidencia, que las leyes deben hacer relación al Estado, y una vez admitido esto, no es menos evidente que las leyes son necesariamente buenas en los gobiernos puros, y viciosas en los gobiernos corrompidos.

CAPÍTULO VII

Continuación de la teoría de la soberanía

Todas las ciencias, todas las artes, tienen un bien por fin; y el primero de los bienes debe ser el fin supremo de la más alta de todas las ciencias; y esta ciencia es la política. El bien en política es la justicia; en otros términos, la utilidad general. Se cree comúnmente, que la justicia es una especie de igualdad; y esta opinión vulgar está hasta cierto punto de acuerdo con los principios filosóficos de que nos hemos servido en la Moral. Hay acuerdo además en lo relativo a la naturaleza de la justicia, a los seres a que se aplica, y se conviene también en que la igualdad debe reinar necesariamente entre iguales; queda por averiguar a qué se aplica la igualdad y a qué la desigualdad, cuestiones difíciles que constituyen la filosofía política.

Se sostendrá quizá, que el poder político debe repartirse desigualmente y en razón de la preeminencia nacida de algún mérito; permaneciendo por otra parte en todos los demás puntos perfectamente iguales, y siendo los ciudadanos por otro lado completamente semejantes; y que los derechos y la consideración deben ser diferentes, cuando los individuos difieren. Pero si este principio es verdadero, hasta la frescura de la tez, la estatura u otra circunstancia, cualquiera que ella sea, podrá dar derecho a ser superior en poder político. ¿No es este un error manifiesto? Algunas reflexiones, deducidas de las otras ciencias y de las demás artes, lo probarán suficientemente. Si se distribuyen flautas entre varios artistas, que son iguales, puesto que están dedicados al mismo arte, no se darán los mejores instrumentos a los individuos más nobles, puesto que su nobleza no les hace más hábiles para tocar la flauta; sino que se deberá entregar el instrumento más perfecto al artista que más perfectamente sepa servirse de él. Si el razonamiento no es aún bastante claro, se le puede extremar aún más. Supóngase que un hombre muy distinguido en el arte de tocar la flauta lo es mucho menos por el nacimiento y la belleza, ventajas que, tomada cada una aparte, son, si se quiere, muy preferibles al talento de artista; y que en estos dos conceptos, en nobleza y belleza, le superen sus [107] rivales mucho más que los supera él como profesor; pues sostengo que en este caso a él es a quien pertenece el instrumento superior. De otra manera sería preciso que la ejecución musical sacase gran provecho de la superioridad en nacimiento y en fortuna; y, sin embargo, estas circunstancias no pueden proporcionar en este orden el más ligero adelanto.

Ateniéndonos a este falso razonamiento, resultaría que una ventaja cualquiera podría ser comparada con otra; y porque la talla de tal hombre excediese la de otro, se seguiría como regla general que la talla podría ser puesta en parangón con la fortuna y con la libertad. Si porque uno se distinga más por su talla que otro se distingue por su virtud, se coloca en general la talla muy por cima de la virtud, las cosas más diferentes y extrañas aparecerán entonces al mismo nivel; porque si la talla hasta cierto grado puede sobrepujar a otra cualidad en otro cierto grado, es claro que bastará fijar la proporción entre estos grados para obtener la igualdad absoluta. Pero como para hacer esto hay una imposibilidad radical, es claro que no se pretende, ni remotamente, en punto a derechos políticos, repartir el poder según toda clase de desigualdades. El que los unos sean ligeros en la carrera y los otros muy pesados, no es una razón para que en política los unos tengan más y los otros menos; en los juegos gimnásticos es donde deberán apreciarse estas diferencias en su justo valor; aquí no deben entrar en concurrencia otras cosas que las que contribuyen a la formación del Estado. Es muy justo conceder una distinción particular a la nobleza, a la libertad, a la fortuna; porque los individuos libres y los ciudadanos que tienen la renta legal{79}, son los miembros del Estado; y no existiría el Estado, si todos fuesen pobres o si todos fuesen esclavos. Pero a estos primeros elementos es preciso unir evidentemente otros dos: la justicia y el valor guerrero, de que el Estado no puede carecer; porque si los unos son indispensables para su existencia, los otros lo son para su prosperidad. Todos estos elementos, por lo menos los más de ellos, pueden disputarse con razón el honor de constituir la existencia de la ciudad; pero, como dije antes, a la ciencia y a la virtud es a las que debe atribuirse su felicidad.

Además, como la igualdad y la desigualdad completas son [108] injustas tratándose de individuos que no son iguales o desiguales entre sí sino en un solo concepto, todos los gobiernos, en que la igualdad y la desigualdad están establecidas sobre bases de este género, necesariamente son gobiernos corrompidos. También hemos dicho más arriba, que todos los ciudadanos tienen razón en considerarse con derechos, pero no la tienen al atribuirse derechos absolutos: como, por ejemplo, lo creen los ricos, porque poseen una gran parte del territorio común de la ciudad y tienen ordinariamente más crédito en las transacciones comerciales; y los nobles y los hombres libres, clases muy próximas entre sí, porque a la nobleza corresponde realmente más la ciudadanía que al estado llano, siendo muy estimada en todos los pueblos, y además porque descendientes virtuosos deben, según todas las apariencias, tener virtuosos antepasados, puesto que la nobleza no es más que un mérito de raza. Ciertamente la virtud puede en nuestra opinión levantar su voz con no menos razón; la virtud social es la justicia, y todas las demás vienen necesariamente después de ella y como consecuencias. En fin, la mayoría también tiene pretensiones que puede oponer a las de la minoría, porque la mayoría, tomada en su conjunto, es más poderosa, más rica y mejor que la minoría.

Supongamos por tanto reunidos en un solo Estado, de un lado, individuos distinguidos, nobles y ricos, y de otro, una multitud a la que puede concederse derechos políticos. ¿Podrá decirse sin vacilar a quién debe pertenecer la soberanía?, ¿o será posible que aún haya duda? En cada una de las constituciones que hemos enumerado más arriba, la cuestión de saber quién debe mandar no es cuestión, puesto que la diferencia entre ellas descansa precisamente en la del soberano. En unos puntos la soberanía pertenece a los ricos, en otros a los ciudadanos distinguidos, &c. Veamos ahora lo que debe hacerse cuando todas estas diversas condiciones se encuentran simultáneamente en la ciudad. Suponiendo que la minoría de los hombres de bien sea extremadamente débil, ¿cómo podrá constituirse el Estado respecto a éstos? ¿Se mirará, si, débil y todo como es, podrá bastar sin embargo para gobernar el Estado, y aun para formar por sí sola una ciudad completa? Pero entonces ocurre una objeción, que igualmente puede hacerse a todos los que aspiran al poder político, y que al parecer echa por tierra todas las razones de los [109] que reclaman la autoridad como un derecho debido a su fortuna, así como las de los que la reclaman como un derecho debido a su nacimiento. Adoptando el principio que todos éstos alegan en su favor, la pretendida soberanía debería evidentemente residir en el individuo que por sí solo fuese más rico que todos los demás juntos. Y asimismo el más noble por su nacimiento querría sobreponerse a todos los que sólo tienen en su apoyo la cualidad de hombres libres. La misma objeción se hace contra la aristocracia que se funda en la virtud, porque si tal ciudadano es superior en virtud a todos los miembros del gobierno, muy apreciables por otra parte, el mismo principio obligaría a conferirle la soberanía. También cabe la misma objeción contra la soberanía de la multitud, fundada en la superioridad de su fuerza relativamente a la minoría, porque si por casualidad un individuo o algunos individuos, aunque menos numerosos que la mayoría, son más fuertes que ella, le pertenecería la soberanía antes que a la multitud. Todo esto parece demostrar claramente que no hay completa justicia en ninguna de las prerrogativas, a cuya sombra reclama cada cual el poder para sí y la servidumbre para los demás. A las pretensiones de los que reivindican la autoridad fundándose en su mérito o en su fortuna, la multitud podría oponer excelentes razones. Es posible, en efecto, que sea ésta más rica y más virtuosa que la minoría, no individualmente, pero sí en masa. Esto mismo responde a una objeción que se aduce y se repite con frecuencia como muy grave. Se pregunta, si en el caso que hemos supuesto, el legislador, que quiere dictar leyes perfectamente justas, debe tener en cuenta, al hacerlo, el interés de la multitud o el de los ciudadanos distinguidos. La justicia en este caso es la igualdad, y esta igualdad de la justicia se refiere tanto al interés general del Estado como al interés individual de los ciudadanos. Ahora bien, el ciudadano en general es el individuo que tiene participación en la autoridad y en la obediencia pública, siendo por otra parte la condición del ciudadano variable según la constitución; y en la república perfecta es el individuo que puede y quiere libremente obedecer y gobernar sucesivamente de conformidad con los preceptos de la virtud. [110]

CAPÍTULO VIII

Conclusión de la teoría de la soberanía

Si hay en el Estado un individuo, o, si se quiere, muchos, pero demasiado pocos, sin embargo para formar por sí solos una ciudad, que tengan tal superioridad de mérito, que el de todos los demás ciudadanos no pueda competir con el suyo, siendo la influencia política de este individuo único o de estos individuos incomparablemente más fuerte, semejantes hombres no pueden ser confundidos en la masa de la ciudad. Reducirlos a la igualdad común, cuando su mérito y su importancia política los deja tan completamente fuera de toda comparación, es hacerles una injuria, porque tales personajes bien puede decirse que son dioses entre los hombres. Esta es una nueva prueba de que la legislación necesariamente debe recaer sobre individuos iguales por su nacimiento y por sus facultades. Pero la ley no se ha hecho para estos seres superiores, sino que ellos mismos son la ley. Sería ridículo intentar someterlos a la constitución, porque podrían responder lo que, según Antístenes, respondieron los leones al decreto dado por la asamblea de las liebres sobre la igualdad general de los animales{80}. Este es también el origen del ostracismo en los Estados democráticos, que más que ningún otro son celosos de que se conserve la igualdad. Tan pronto como un ciudadano parecía elevarse por cima de todos los demás a causa de su riqueza, por lo numeroso de sus partidarios, o por cualquiera otra condición política, el ostracismo le condenaba a un destierro más o menos largo. En la mitología, los argonautas no tuvieron otro motivo para abandonar a Hércules. Argos declara, que no quiere llevarle a bordo, porque pesaba mucho más que el resto de sus compañeros. Y así no ha habido razón para censurar en absoluto la tiranía de Trasíbulo y el consejo que Periandro le dio. No se le ocurrió a éste dar otra respuesta al enviado que fue a pedirle consejo, que igualar cierto número de espigas, cortando las que sobresalían en el manojo. [111] El mensajero no comprendió nada de lo que esto significaba, pero Trasíbulo, cuando lo supo, entendió perfectamente que debía deshacerse de los ciudadanos poderosos.

Este expediente no es útil solamente a los tiranos, y así no son los únicos que de él se aprovechan. Con igual éxito se emplea en las oligarquías y en las democracias. El ostracismo en éstas produce los mismos resultados, poniendo coto por medio del destierro al poder de los personajes a él condenados. Cuando es posible, se aplica este principio político a Estados y pueblos enteros. Puede verse la conducta que observaron los atenienses respecto de los samios, los chiotas y los lesbios; apenas afirmaron aquéllos su poder, tuvieron buen cuidado de debilitar a sus súbditos, a pesar de todos los tratados. El rey de los persas ha castigado más de una vez a los medos, a los babilonios y a otros pueblos, demasiado ensoberbecidos con los recuerdos de su antigua dominación.

Esta cuestión interesa a todos los gobiernos sin exceptuar ninguno, ni aun los buenos. Los gobiernos corrompidos emplean estos medios movidos por un interés particular; pero no se emplean menos en los gobiernos que se guían por el interés general. Se puede poner más claro este razonamiento por medio de una comparación tomada de las otras ciencias y artes. El pintor no dejará en su cuadro un pie que no guarde proporción con las otras partes de la figura, aun cuando este pie fuese mucho más bello que el resto; el carpintero de marina no pondrá una proa u otra parte de la nave, si es desproporcionada; y el maestro de canto no admitirá en un concierto una voz más fuerte y más hermosa que todas las que forman el resto del coro. Así que no es imposible que los monarcas en este punto estén de acuerdo con los Estados que rigen, si realmente no apelan a este expediente sino cuando la conservación de su propio poder interesa al Estado.

Y así los principios del ostracismo, aplicados a las superioridades bien reconocidas, no carecen por completo de toda equidad política. Es ciertamente preferible que la ciudad, gracias a las instituciones primitivamente establecidas por el legislador, pueda excusar este remedio; pero si el legislador recibe por segunda mano el timón del Estado, puede, en caso de necesidad, apelar a este medio de reforma. Por lo demás no han sido estos los móviles que hasta ahora han motivado tal medida; en el [112] ostracismo no se ha tenido en cuenta el verdadero interés de la república, sino que se ha mirado simplemente como un arma de partido.

En los gobiernos corrompidos, como el ostracismo sirve a un interés particular, es por esto mismo evidentemente justo; pero también es no menos evidente que no es de una justicia absoluta. En la ciudad perfecta, la cuestión es mucho más difícil. La superioridad en cualquier concepto, que no sean el mérito, la riqueza o la influencia, no puede causar embarazo; pero ¿qué puede hacerse contra la superioridad de la virtud? Ciertamente no se dirá que es preciso desterrar o expulsar al ciudadano que se distingue en este respecto. Tampoco se pretenderá que es preciso reducirle a la obediencia; porque esto sería dar un jefe al mismo Júpiter. El único camino que naturalmente deben, al parecer, seguir todos los ciudadanos, es el de someterse de buen grado a este grande hombre y tomarle por rey mientras viva.

———

«Sería preciso, dijeron los leones, que pudierais sostener semejante pretensión con uñas y dientes como los que nosotros tenemos.»

DEL GOBIERNO PERFECTO O DE LA ARISTOCRACIA

De las tres constituciones que hemos reconocido como buenas, la mejor debe ser necesariamente la que tenga mejores jefes. Tal es el Estado, en que se encuentra por fortuna una gran superioridad de virtud, ya pertenezca a un solo individuo con exclusión de los demás, ya a una raza entera, ya a la multitud, y en el que los unos sepan obedecer tan bien como los otros mandar, movidos siempre por un fin noble. Se ha demostrado precedentemente, que en el gobierno perfecto la virtud privada era idéntica a la virtud política; siendo no menos evidente que con los mismos medios y las mismas virtudes, que constituyen al hombre de bien, se puede constituir igualmente un Estado, aristocrático o monárquico; de donde se sigue que la educación y las [123] costumbres, que forman al hombre virtuoso, son sobre poco más o menos las mismas que forman al ciudadano de una república o al jefe de un reinado.

Sentado esto, veamos de tratar de la república perfecta, de su naturaleza, y de los medios de establecerla. Cuando se la quiere estudiar con todo el cuidado que merece, es preciso...

———

UACJ
CIENCIAS SOCIALES
CIENCIAS JURIDICAS
SEMINARIO DE CULTURA JURIDICA

NICOLÁS MAQUIAVELO
EL PRÍNCIPE
150 CITAS CLÁSICAS

Selección por:

Gustavo de la Rosa Hickerson

Reseña Biográfica

NICOLÁS MAQUIAVELO (1469-1527)

Nicolás Maquiavelo nació y murió en Florencia. Hijo de una familia de abolengo pero escasos recursos económicos, siguió el oficio de su padre, estudió jurisprudencia y a los 25 años logró ocupar un puesto en el gobierno florentino como secretario de la República De Los Diez.

El joven funcionario tenía grandes ambiciones, sustentadas en su vasta cultura - era un lector insaciable - y en su talento extraordinario para comprender los más sutiles asuntos de estado. En poco tiempo se le encomendaron algunas misiones diplomáticas en las que tuvo ocasión de poner en práctica sus concepciones políticas, lo mismo ante la temible Catalina Sforza que en la corte del monarca francés Luis XII. Si con la primera las negociaciones llegaron a un punto muerto y no hubo ventajas para nadie, con el segundo Maquiavelo obtuvo su primer gran triunfo.

Debe recordarse que aún no se constituía Italia como una verdadera nación. Estaba dividida en diversas repúblicas y ducados autónomos donde el poder quedaba en manos de ciertas familias, rivales entre sí. La situación no podía ser más problemática y los asesinatos, conjuras, revueltas, invasiones y despojos sucedían en forma vertiginosa; los aliados de hoy eran los enemigos de mañana, y la desconfianza era la norma más elemental en los manejos políticos. En medio de tales circunstancias el joven Maquiavelo empezó su carrera política, y sus conclusiones teóricas partieron de esa realidad concreta.

El mérito fundamental de Maquiavelo consistió en su habilidad para estructurar una teoría política con base en las experiencias cotidianas, al margen de toda concepción idealista.

El príncipe, su obra maestra, ha tenido una trascendencia universal por constituir un verdadero manual para el ejercicio del poder. Se dice que, a lo largo de la historia, ha sido el libro de cabecera de Napoleón, Richelieu y muchos otros grandes políticos y estadistas.

No es de extrañar la amoralidad del celebérrimo libro si se toma en cuenta que Maquiavelo fue secretario de César Borgia, a quien puede considerarse su principal inspirador. En efecto, el escritor florentino estuvo al lado de César cuando éste convocó, con pretextos amigables, a los capitanes que habían rehusado servirle, y en seguida los mandó degollar. Maquiavelo redactó un minucioso informe sobre aquel trágico episodio, donde ya se advierte su manera de separar tajantemente la política y la moral.

De Principatibus, título latino que dio Maquiavelo a su tratado, expone en 26 apartados "qué es un principado, cuáles son sus clases, cómo se adquieren, cómo se conservan y por qué se pierden". Maquiavelo evitó componer un tratado voluminoso, como era lo usual en su época, confiriendo mayor importancia al fondo de las cosas que a las palabras. No sólo revolucionó la concepción del ejercicio del poder sino el estilo de toda la literatura renacentista: aunque de lenguaje escueto, casi lacónico, su libro no está exento de un tono vibrante y de una gran perfección formal. Se trata del primer libro que desarrolla técnicamente, y con un lenguaje apropiado, el arte de gobernar. Para llegar a una visión tan clara de la realidad política de su tiempo, Maquiavelo supo asimilar catorce años al servicio del Estado florentino, sin olvidar las experiencias que adquirió en sus frecuentes misiones diplomáticas y en la observación directa de príncipes y monarcas.

En 1502 el activo funcionario y diplomático florentino contrajo matrimonio con Marieta Corsini, quien le dio cinco hijos. La vida familiar de Maquiavelo no pudo ser muy feliz, tanto por su necesidad de viajar constantemente como por las dificultades económicas y los inevitables vaivenes de la política.

La primera etapa de la vida de Maquiavelo estuvo caracterizada por una actividad incesante, motivada sin duda por su ambición pero, más aún, por un sincero patriotismo. Cuando las circunstancias cambiaron y Maquiavelo hubo de afrontar el destierro, la cárcel y la tortura, su existencia tomó un ritmo más pausado: la política activa fue sustituida por el trabajo intelectual. Curiosamente, el autor de El Príncipe no procedió "maquiavélicamente", tratándose de su persona, salvo cuando ya era un hombre acabado; por el contrario, puso toda su ciencia al servicio de otros que supieron aprovecharla.

En 1512, cuando los franceses fueron expulsados de Florencia, los españoles, aliados con el Papa, decretaron la abolición de la república y el retorno de los Médici. Maquiavelo no tuvo más remedio que abandonar su querida ciudad y retirarse de toda actividad política, buscando refugio en el pueblo de San Andrea in Percussina, donde tenía una pequeña casa de campo. Más no quedó a salvo pues, al año siguiente, fue descubierta una conspiración contra el régimen mediceo, capitaneada por dos jóvenes republicanos: Boscoli y Capponi. Para desgracia de Maquiavelo, su nombre figuraba en la lista de "colaboradores" que había elaborado Boscoli, y mientras se efectuaban las averiguaciones fue encarcelado y sometido a torturas. Los conspiradores negaron toda participación de Maquiavelo, incluso momentos antes de ser decapitados, por lo cual se le dejó en libertad. A partir de entonces comenzó su actividad literaria convencido de que jamás volvería a Florencia.

Maquiavelo redactó El Príncipe en el otoño negro de 1513; Los diálogos sobre el arte de la guerra quedaron terminados en 1516; Los discursos sobre la primera década de Tito Livio datan del año 1519; su exitosa comedia La mandrágora se sitúa en 1520 y ese mismo año inició Las historias florentinas por encargo de Julio de Médici, elegido pontífice de la Iglesia con el nombre de León X. Este libro marcó el acercamiento a quienes fueran antes sus mortales enemigos y, por única vez en su vida, Maquiavelo aplicó las teorías que desarrollara magistralmente en sus ensayos.

DEDICATORIA A LORENZO EL MAGNÍFICO, HIJO DE PEDRO DE MÉDICIS

Los que desean alcanzar la gracia y favor de un príncipe acostumbran a ofrendarle aquellas cosas que se reputan por más de su agrado, o en cuya posesión se sabe que él encuentra su mayor gusto. Así, unos regalan caballos; otros, armas; quiénes, telas de oro; cuáles, piedras preciosas u otros objetos dignos de su grandeza. Por mi parte, queriendo presentar a Vuestra Magnificencia alguna ofrenda o regalo que pudiera demostraros mi rendido acatamiento, no he hallado, entre las cosas que poseo, ninguna que me sea más cara, ni que tenga en más, que mi conocimiento de los mayores y mejores gobernantes que han existido. Tal conocimiento sólo lo he adquirido gracias a una dilatada experiencia de las horrendas vicisitudes políticas de nuestra edad, y merced a una continuada lectura de las antiguas historias. Y luego de haber examinado durante mucho tiempo las acciones de aquellos hombres, y meditándolas con seria atención, encerré el resultado de tan profunda y penosa tarea en un reducido volumen, que os remito.

Aunque estimo mi obra indigna de Vuestra Magnificencia, abrigo, no obstante, la confianza de que bondadosamente la honraréis con una favorable acogida, si consideráis que no me era posible haceros un presente más precioso que el de un libro con el que os será fácil comprender en pocas horas lo que a mi no me ha sido dable comprender sino al cabo de muchos años, con suma fatiga y con grandísimos peligros. No por ello he llenado mi exposición razonada de aquellas prolijas glosas con que se hace ostentación de ciencia, ni la he envuelto en hinchada prosa, ni he recurrido a los demás atractivos con que muchos autores gustan de engalanar lo que han de decir, porque he querido que no haya en ella otra pompa y otro adorno que la verdad de las cosas y la importancia de la materia. Desearía, sin embargo, que no se considerara como presunción reprensible en un hombre de condición inferior, y aun baja, si se quiere, la audacia de discurrir sobre la gobernación de los príncipes y aspirar a darles reglas. Los pintores que van a dibujar un paisaje deben estar en las montañas, para que los valles se descubran a sus miradas de un modo claro, distinto, completo y perfecto. Pero también ocurre que únicamente desde el fondo de los valles pueden ver las montañas bien y en toda su extensión. En la política sucede algo semejante. Si, para conocer la naturaleza de las naciones, se requiere ser príncipe, para conocer la de los principados conviene vivir entre el pueblo. Reciba, pues, Vuestra Magnificencia mi modesta dádiva con la misma intención con que yo os la ofrezco. Si os dignáis leer esta producción y meditarla con cuidado reconoceréis en ella el propósito de veros llegar a aquella elevación que vuestro destino y vuestras eminentes dotes os permiten. Y si después os dignáis, desde la altura majestuosa en que os halláis colocado, bajar vuestros ojos a la humillación en que me encuentro, comprenderéis toda la injusticia de los rigores extremados que la malignidad de la fortuna me hace experimentar sin interrupción.

CAPÍTULO I

DE LAS VARIAS CLASES DE PRINCIPADOS
Y DEL MODO DE ADQUIRIRLOS

1.- Cuantos Estados y cuantas dominaciones ejercieron y ejercen todavía una autoridad soberana sobre los hombres, fueron y son principados o repúblicas. Los principados se dividen en hereditarios y nuevos.

2.- Los hereditarios, en quien los disfruta, provienen de su familia, que por mucho tiempo los poseyó.

3.-Los nuevos se adquieren de dos modos: o surgen como tales en un todo; o aparecen como miembros añadidos al Estado ya hereditario del príncipe que los adquiere.

4.- Estos Estados nuevos ofrecen a su vez una subdivisión, porque:

o están habituados a vivir bajo un príncipe,
o están habituados a ser libres;
o el príncipe que los adquirió lo hizo con armas ajenas,
o lo hizo con las suyas propias; o se los proporcionó la suerte, o se los proporcionó su valor.

CAPÍTULO II

DE LOS PRINCIPADOS HEREDITARIOS

5.- Y, refiriéndome a las distinciones que acabo de establecer, y examinando la manera con que es posible gobernar y conservar los principados, empezaré por decir que en los Estados hereditarios, que están acostumbrados a ver reinar la familia de su príncipe, hay menos dificultad en conservarlos que cuando son nuevos. El príncipe entonces no necesita más que no traspasar el orden seguido por sus mayores, y contemporizar con los acontecimientos, después de lo cual le basta usar de la más socorrida industria, para conservarse siempre a menos que surja una fuerza extraordinaria y llevada al exceso, que venga a privarle de su Estado. Pero, aun perdiéndolo, lo recuperará, si se lo propone, por muy poderoso y hábil que sea el usurpador que se haya apoderado de él. Y es que el príncipe, por no tener causas ni necesidades de ofender a sus gobernados, es amado natural y razonablemente por éstos, a menos de poseer vicios irritantes que le tornen aborrecible.

6.- La antigüedad y la continuidad del reinado de su dinastía hicieron olvidar los vestigios y las razones de las mudanzas que le instalaron, lo cual es tanto más útil cuanto que una mudanza deja siempre una piedra angular para provocar otras.

CAPÍTULO III

DE LOS PRINCIPADOS MIXTOS

7.- Se hallan grandes dificultades en esta clase de régimen político, muy principalmente cuando el principado no es enteramente nuevo, sino miembro añadido a un principado antiguo que se posee de antemano. Por tal reunión se le llama principado mixto,

8.-Sus incertidumbres dimanan de una dificultad, que es conforme con la naturaleza de todos los principados nuevos, y que consiste en que los hombres, aficionados a mudar de señor, con la loca y errada esperanza de mejorar su suerte, se arman contra el que les gobernaba y ponen en su puesto a otro, no tardando en convencerse, por la experiencia, de que su condición ha empeorado.

9.- Ello proviene de la necesidad natural en que el nuevo príncipe se encuentra de ofender a sus nuevos súbditos, ya con tropas, ya con una infinidad de otros procedimientos molestos, que el acto de su nueva adquisición llevaba consigo.

10.- De aquí que el nuevo príncipe tenga por enemigos a cuantos ha ofendido al ocupar el principado, y que no pueda conservar por amigos a los que le colocaron en él, a causa de no serle posible satisfacer su ambición en la medida en que ellos se habían lisonjeado, ni emplear medios rigurosos para reprimirlos, en atención a las obligaciones que le hicieron contraer con respecto a si mismo.

LA IDEA DE "DIVIDE Y VENCERAS", (nunca se dijo tal cual)

11.- Por muy fuertes que sean los ejércitos del príncipe, éste necesita siempre el favor de una parte, al menos, de los habitantes de la provincia, para entrar en ella.

12.- Comenzaré estableciendo una distinción. O dichos Estados nuevamente adquiridos se reúnen con un Estado ocupado hace mucho tiempo por el que los ha logrado, siendo unos y otro de la misma provincia, y hablando la misma lengua,

o no sucede así.

13.- Cuando son de la primera especie, (siendo unos y otro de la misma provincia, y hablando la misma lengua,) hay suma facilidad en conservarlos, especialmente si no están habituados a vivir libres en república. Para poseerlos con seguridad basta haber extinguido la descendencia del príncipe que reinaba en ellos, porque, en lo demás, respetando sus antiguos estatutos, y siendo allí las costumbres iguales a las del pueblo a que se juntan, permanecen sosegados. Aunque existan algunas diferencias de lenguaje, las costumbres se asemejan, y esas diversas provincias viven en buena armonía. En cuanto al que hace tales adquisiciones, si ha de conservarlas, necesita dos cosas: la primera, que se extinga el linaje del príncipe que poseía dichos Estados; y la segunda, que el príncipe nuevo no altere sus leyes, ni aumente los impuestos. Con ello, en tiempo brevísimo, los nuevos Estados pasarán a formar un solo cuerpo con el antiguo suyo.

14.- Pero cuando se adquieren algunos Estados que se diferencian del propio en lengua, costumbres y constitución, las dificultades se acumulan, y es menester mucha sagacidad y particular favor del cielo para conservarlos.

15.- Uno de los mejores y más eficaces medios a este propósito será que el príncipe vaya a residir en ellos. Y es que, residiendo en su nuevo Estado, aunque se produzcan en él desórdenes, puede muy prontamente reprimirlos, mientras que, si reside en otra parte, aun no siendo los desórdenes de gravedad, tienen difícil remedio.

16.- Además, dada su permanencia, no es despojada la provincia por la codicia de sus empleados, y los súbditos se alegran más de recurrir a un príncipe que está al lado suyo que a uno que está distante,

17.- Porque encuentran más ocasiones de tomarle amor, si quieren ser buenos, y temor, si quieren ser malos.

18.- Por otra parte, el extranjero que apeteciese atacar a dicho Estado tropezaría con más dificultades para atreverse a ello. Por donde, residiendo en él el príncipe, no lo perderá sin que su rival experimente grandes obstáculos al pretender arrebatárselo.

16.- Después del precedente, el mejor medio consiste en enviar algunas colonias a uno o dos parajes, que sean como la llave del nuevo Estado, a falta de lo cual habría que tener allí mucha caballería e infantería.

17.- Formando el príncipe semejantes colonias, no se empeña en dispendios exagerados, porque aun sin hacerlos o con dispendios exiguos, las mantiene en los términos del territorio. Con ello no ofende más que a aquellos de cuyos campos y de cuyas cosas se apodera, para dárselo a los nuevos moradores, que no componen en fin de cuentas más que una cortísima parte del nuevo Estado,

18.- Y quedando dispersos y pobres aquellos a quienes ha ofendido, no pueden perjudicarle nunca. Todos los demás que no han recibido ninguna ofensa en sus personas y en sus bienes, se apaciguan con facilidad, y quedan temerosamente atentos a no incurrir en faltas, a fin de no verse despojados como los otros.

19.- De lo que se infiere que esas colonias, que no cuestan nada o casi nada, son más fieles y perjudican menos, a causa de la dispersión y de la pobreza de los ofendidos.

20.- Porque debe notarse que los hombres quieren ser agraciados o reprimidos, y que no se vengan de las ofensas, cuando son ligeras; pero que se ven incapacitados para hacerlo, cuando son graves. Así pues, la ofensa que se les infiera ha de ser tal que les inhabilite para vengarse.

21.- Si, en vez de colonias, se tienen tropas en los nuevos Estados, se expende mucho, ya que es menester consumir, para mantenerlas, cuantas rentas se sacan de dichos Estados. La adquisición suya que se ha hecho se convierte entonces en pérdida, ya que se perjudica a todo el país con los ejércitos que hay que alojar en las casas particulares. Los habitantes experimentan la incomodidad consiguiente, y se convierten en perjudiciales enemigos, aun permaneciendo sojuzgados dentro de sus casas. De modo que ese medio de guardar un Estado es en todos respectos, tan inútil cuanto el de las colonias es útil.

22.- El príncipe que adquiere una provincia, cuyo idioma y cuyas costumbres no son los de su Estado principal, debe hacerse allí también el jefe y el protector de los príncipes vecinos que sean menos poderosos, e ingeniarse para debilitar a los de mayor poderío.

23.- Debe, además, hacer de manera que no entre en su nueva provincia un extranjero tan poderoso como él, para evitar que no llamen a ese extranjero los que se hallen descontentos de su mucha ambición.

24.- El orden común de las cosas es que, no bien un extranjero poderoso entra en un país, todos los príncipes que allí son menos poderosos se le unen, por efecto de la envidia que concibieran contra el que les sobrepujaba en poderío, y a los que éste ha despojado.

25.- En cuanto a esos príncipes menos poderosos, no cuesta mucho trabajo ganarlos, puesto que todos juntos gustosamente formarán cuerpo con el Estado que él conquistó. La única precaución que ha de tomar es la de impedir que adquieran fuerza y autoridad en demasía. El príncipe nuevo, con el favor de ellos y con la ayuda de sus armas, podrá abatir fácilmente a los que son, poderosos, a fin de continuar siendo en todo el árbitro.

26.- El que, por lo que a esto toca, no gobierne hábilmente, muy pronto perderá todo lo adquirido, y aun mientras conserve el poder tropezará con multitud de dificultades y de obstáculos.

27.- Si se espera a que sobrevengan, ya no es tiempo de remediarlo, porque la enfermedad se ha vuelto incurable. En este respecto, ocurre lo que los médicos dicen de la tisis, que en los comienzos es fácil de curar y difícil de conocer, pero que más tarde si no la discernieron en su principio, ni la aplicaron remedio alguno; es fácil de conocer y difícil de curar.

28.- Con las cosas del Estado sucede lo mismo. Si se conocen anticipadamente los males que pueden después manifestarse, lo que no concede el cielo más que a un hombre sabio y bien prevenido, quedan curados muy pronto.

29.- Pero cuando, por no haberlos conocido, se les deja tomar un incremento tal que llega a noticia de todo el mundo, no hay ya arbitrio que los remedie.

30.- En verdad, el deseo de adquirir es cosa ordinaria y lógica. Los hombres que adquieren cuando pueden hacerlo serán alabados y nadie los censurará. Pero cuando no pueden, ni quieren hacerlo como conviene, serán tachados de error y todos les vituperarán.

31.- Si Francia podía atacar con sus fuerzas a Nápoles, debió hacerlo. Si no podía, no debió dividir aquel reino.

32.- No hay en ello milagro, sino una cosa natural y común. De lo cual podemos deducir una regla general que no engaña nunca, o que, al menos, no extravía sino raras veces, y es que el que ayuda a otro a hacerse poderoso provoca su propia ruina.

33.- Él (el que ayuda) es quien le hace tal con su fuerza o con su industria y estos dos medios de que se ha manifestado provisto le resultan muy sospechosos al príncipe (el ayudado) que, por ministerio de ellos, se tornó más poderoso.

CAPÍTULO IV

POR QUÉ, OCUPADO EL REINO DE DARÍO POR ALEJANDRO, NO SE REBELÓ CONTRA SUS SUCESORES DESPUÉS DE SU MUERTE

34.- Considerando las dificultades que se ofrecen para conservar un Estado recientemente adquirido, podría preguntarse con asombro cómo sucedió que hecho Alejandro Magno dueño de Egipto y del Asia Menor en un corto número de años, y habiendo muerto a poco de haber conquistado esos territorios sus sucesores, en unas circunstancias en que parecía natural que todo aquel Estado se rebelase, lo conservaron, sin embargo, y no hallaron al respecto más obstáculo que el que su ambición individual ocasionó entre ellos.

35.- He aquí mi respuesta al propósito. De dos modos son gobernados los principados conocidos.

36.- El primero consiste en serlo por su príncipe asistido de otros individuos que, permaneciendo siempre como súbditos humildes al lado suyo, son admitidos, por gracia o por concesión, en clase de servidores, solamente para ayudarle a gobernar.. Y, en estos Estados en que gobierna el mismo príncipe con algunos ministros esclavos, tiene más autoridad, porque en su provincia no hay nadie que reconozca a otro más que a él por superior y si se obedece a otro, no es por un particular afecto a su persona, sino solamente por ser ministro y empleado del monarca

37.- El segundo modo como se gobierna se compone de un príncipe, asistido de barones, que encuentran su puesto en el Estado, no por la gracia o por la concesión del soberano, sino por la antigüedad de su familia. Estos mismos barones poseen Estados y súbditos que los reconocen por señores suyos, y les consagran espontáneamente su afecto.

38.- Así, cualquiera que considere atentamente ambas clases de Estados, comprenderá que existe dificultad suma en conquistar el del sultán de Turquía, pero que, si uno le hubiere conquistado, lo conservará con suma facilidad. Las razones de las dificultades para ocuparlo son que el conquistador no puede ser llamado allí de las provincias de aquel Imperio, ni esperar ser ayudado en la empresa por la rebelión de los que el soberano conserva a su lado, lo cual dimana de las observaciones expuestas más arriba. Siendo todos esclavos suyos y estándole reconocidos por sus favores, no es posible corromperlos tan fácilmente, y aunque esto se lograra, la utilidad no sería mucha mientras el soberano contase con el apoyo del pueblo. Conviene, pues, que el que ataque al sultán de Turquía reflexione que va a hallarle unido al pueblo, y que habrá de contar más con sus propias fuerzas que con los desórdenes que se manifestasen en el Imperio en su favor.

39 Pero después de haberle vencido, derrotando en una campaña sus ejércitos de modo que a él no le sea dable rehacerlos, no habrá que temer ya más que a la familia del príncipe. Si el conquistador la destruye, el temor desaparecerá por completo, pues los otros no gozan del mismo valimiento entre las masas populares. Si antes del triunfo, el conquistador no contaba con ninguno de ellos en cambio, no debe tenerles miedo alguno, después de haber vencido.

40.- Empero, sucederá lo contrario con reinados gobernados como el de Francia. En él se puede entrar con facilidad, ganando a algún barón, porque nunca faltan nobles de genio descontento y amigos de mudanzas, que abran al conquistador camino para la posesión de aquel Estado y que le faciliten la victoria. (EL PRINCIPIO DE DIVIDE Y VENCERAS)

41.- Mas, cuando se trate de conservarse en él, la victoria misma le dará a conocer infinitas dificultades, tanto de parte de los que le auxiliaron como de parte de los que oprimió.

42.-No le bastará haber extinguido la familia del príncipe, porque quedarán siempre allí varios señores que se harán cabezas de partido para nuevas mudanzas, y, como no podrá contentarlos a satisfacción de ellos, ni destruirlos enteramente, perderá el nuevo reino tan pronto se presente la ocasión oportuna.

43.- Si consideramos ahora qué género de gobierno era el de Darío, le encontraremos semejante al del sultán de Turquía. Le fue necesario primeramente a Alejandro asaltarlo en su totalidad y ganar la campaña en toda la línea. Después de este triunfo murió Darío, quedando el Estado en poder del conquistador de una manera segura, por las causas que llevo apuntadas;

44.- Si los sucesores de Alejandro hubieran continuado unidos, habrían podido gozar de él sin la menor dificultad, puesto que no sobrevino otra disensión que la que ellos mismos suscitaron

CAPÍTULO V

DE QUÉ MANERA DEBEN GOBERNARSE LOS ESTADOS QUE, ANTES DE SER OCUPADOS POR UN NUEVO PRÍNCIPE, SE REGÍAN POR LEYES PROPIAS

45.- Cuando el príncipe quiere conservar aquellos Estados que estaban habituados a vivir con su legislación propia y en régimen de república, es preciso que abrace una de estas tres resoluciones:

o arruinarlos,

o ir a vivir en ellos,

o dejar al pueblo con su código tradicional, obligándole a pagarle una contribución anual y creando en el país un tribunal de corto número de miembros, que cuide de consolidar allí su poder. Al establecer este consejo consultivo, el príncipe, sabiendo que no puede subsistir sin su amistad y sin su dominación, tiene el mayor interés de fomentar su autoridad.

46.- Una ciudad acostumbrada a vivir libremente y que el príncipe quiere conservar, se contiene mucho más fácilmente por medio del influjo directo de sus propios ciudadanos que de cualquier otro modo.

47.- Hablando con verdad, el arbitrio más seguro para conservar semejantes Estados es el de arruinarlos.

48.- El que se hace señor de una ciudad acostumbrada a vivir libremente, y no descompone su régimen político, debe contar con ser derrocado por ella, a la postre. Para justificar tal ciudad su rebelión invocará su libertad y sus antiguas leyes, cuyo hábito no podrán hacerle perder nunca el tiempo y los beneficios del conquistador.

49.- Por más que éste se esfuerce, y aunque practique un expediente de previsión, si no se desunen y se dispersan sus habitantes, no olvidará nunca el nombre de aquella antigua libertad, ni sus particulares estatutos, y hasta recurrirá a ellos en la primera ocasión.

50.- Pero cuando las ciudades o provincias se hallan avezadas a vivir en la obediencia a un príncipe, como, por una parte, conservan dicha obediencia y, por otra, carecen de su antiguo señor, no concuerdan los ciudadanos entre sí para elegir otro nuevo, y, no sabiendo vivir libres, son más tardos en tomar las armas, por lo cual cabe conquistarlos con más facilidad y asegurar su posesión.

51.- En las repúblicas, por el contrario, hay más valor, mayor disposición de ánimo contra el conquistador que luego se hace príncipe, y más deseo de vengarse de él. Como no se pierde, en su ambiente, la memoria de la antigua libertad, antes le sobrevive más activamente cada día, el más cuerdo partido consiste en disolverlas, o en ir a habitar en ellas.

CAPITULO VI

DE LOS PRINCIPADOS QUE SE ADQUIEREN POR EL VALOR PERSONAL Y CON LAS ARMAS PROPIAS

52.- Los hombres caminan casi siempre por caminos trillados ya por otros, y apenas hacen más que imitar a sus predecesores en las empresas que llevan a cabo. Pero como no pueden seguir en todo la ruta abierta por los antiguos, ni se elevan a la perfección de los que por modelos se proponen, deben con prudencia elegir tan sólo los senderos trazados por algunos varones, especialmente por aquellos que sobrepujaron a los demás, a fin de que si no consiguen igualarlos, al menos ofrezcan sus acciones cierta semejanza con las de ellos.

53.- Conviene seguir el ejemplo de los ballesteros advertidos, que, viendo su blanco muy distante para la fuerza de su arco, apuntan mucho más arriba que el objeto que tienen en mira, no para que su vigor y sus flechas alcancen a un punto dado en tal altura, sino a fin de, asestando así, llegar en línea parabólica a su verdadera meta.

54.- En los principados que son nuevos en todo y cuyo soberano es, por ende, completamente nuevo también, hay más o menos dificultad en conservarlos, según que el que lo adquiere es más o menos valeroso.

55.- Como el éxito por el que un hombre se ve elevado de la categoría de particular a la de príncipe supone algún valor o alguna fortuna, parece que una cosa u otra allanan en parte muchos obstáculos. Sin embargo, ocurre a veces que se mantenga más tiempo el que no había sido auxiliado por la fortuna. Y lo que suele procurar algunas facilidades es que, no poseyendo semejante príncipe otros Estados, va a residir en aquel de que se ha hecho dueño.

56.- Pero, volviendo a los hombres que por su propio valor, y no por ministerio de la fortuna, llegaron a ser príncipes, ...se encuentra que (aprovecharon) una ocasión propicia, que les permitió introducir en sus nuevos Estados la forma que les convenía. Sin la ocasión se hubiera extinguido el valor de su ánimo; pero sin éste se hubiera presentado en balde aquélla. Le era necesario a Moisés hallar al pueblo de Israel oprimido en Egipto, para que se dispusiese a seguirle, movido por el afán de salir de su esclavitud.

57.- Era menester que Ciro, para erigirse en soberano de los persas, les hallase descontentos con el dominio de los medos, y a éstos afeminados por una larga paz.

58.- Teseo no hubiera podido desplegar su valor si no hubiese encontrado dispersados a los atenienses.

59.- Convenía que Rómulo, después de su nacimiento, se quedara en Alba, y que fuese expuesto, para que se hiciera rey de Roma y fundador de un Estado, del que formó la patria suya. **No hay duda sino que tales ocasiones constituyeron la fortuna de semejantes**

héroes. Pero su excelente sabiduría les dio a conocer la importancia de dichas ocasiones, y de ello provinieron la prosperidad y la cultura de sus Estados.

60.-Los que llegan a ser príncipes por esos medios no adquieren su soberanía sin trabajo, pero la conservan fácilmente, y las dificultades con que tropiezan al conseguirla provienen en gran parte de las nuevas leyes y de las nuevas instituciones que se ven obligados a introducir, para fundamentar su Estado y para proveer a su seguridad.

61.-No hay cosa más ardua de manejar, ni que se lleve a cabo con más peligro, ni cuyo acierto sea más dudoso que el obrar como jefe, para dictar estatutos nuevos, pues tiene por enemigos activísimos a cuantos sacaron provecho de los estatutos antiguos, y aun los que puedan sacarlo de los recién establecidos, suelen defenderlos con tibieza suma, tibieza que dimana en gran parte de la escasa confianza que los hombres ponen en las innovaciones, por buenas que parezcan, hasta que no hayan pasado por el tamiz de una experiencia sólida.

62.-De donde resulta que los que son adversarios de tales innovaciones lo son por haberse aprovechado de las antiguas leyes, y hallan ocasión de rebelarse contra aquellas innovaciones por espíritu de partido, mientras que los otros (los que se beneficiaran con los nuevos estatutos) sólo las defienden con timidez cautelosa, lo que pone en peligro al príncipe.

63.- Es que uno se ve forzado a examinar si los tibios tienen suficiente consistencia por sí mismos, o si dependen de los otros; es decir, si para dirigir su operación, necesitan rogar o si pueden obligar.

64.- Todos los profetas armados han sido vencedores, y los desarmados abatidos. Porque cuando los primeros han triunfado, empiezan a ser respetados y como han subyugado a los hombres que les envidiaban su calidad de príncipes, quedan, al fin, asegurados, reverenciados, poderosos y dichosos

65.-El natural de los pueblos es variable. Fácil es hacerles creer una cosa, pero difícil hacerles persistir en su creencia. Por cuyo motivo es menester prepararse de modo que, cuando hayan cesado de creer, sea posible constreñirlos a creer todavía.

CAPITULO VII

DE LOS PRINCIPADOS NUEVOS QUE SE ADQUIEREN POR LA FORTUNA Y CON LAS ARMAS AJENAS

66.- Los que de particulares que eran se vieron elevados al principado por la sola fortuna, llegan a él sin mucho trabajo, pero lo encuentran máximo para conservarlo en su poder. Elevados a él como en alas y sin dificultad alguna, no bien lo han adquirido los obstáculos les cercan por todas partes.

67.- Esos príncipes consiguieron su Estado ... de dos modos: o comprándolo o haciéndoselo dar por favor. Semejantes príncipes no se apoyan en más fundamento que en la voluntad o en la suerte de los hombres que los exaltaron, cosas ambas muy variables y desprovistas de estabilidad en absoluto. Fuera de esto, no saben ni pueden mantenerse en tales alturas (dependen de quien los favoreció).

68.- No saben, no es verosímil que acierte a reinar bien quien ha vivido mucho tiempo en una condición privada, a menos de poseer un talento superior,

69 Los Estados que se forman de repente, como todas aquellas producciones de la naturaleza que nacen con prontitud, no tienen las raíces y las adherencias que les son necesarias para consolidarse. El primer golpe de la adversidad los arruina, si, como ya insinué, los príncipes creados por improvisación carecen de la energía suficiente para conservar lo que puso en sus manos la fortuna

70.- Ahora bien: he dicho que el que no preparó los fundamentos de su soberanía antes de ser príncipe podría hacerlo después, poseyendo un talento superior, aunque esos fundamentos no pueden formarse, en tal caso, más que con muchos disgustos para el arquitecto y con muchos peligros para el edificio.

71.- Así, el Príncipe Nuevo necesita asegurarse de sus enemigos, ganarse amigos repetidamente, vencer por la fuerza o por el fraude, hacerse amar y temer de los pueblos, obtener el respeto y la fidelidad de los soldados, sustituir los antiguos estatutos por otros recientes, desembarazarse de los hombres que pueden perjudicarle, ser a la vez severo, agradable, magnánimo y liberal, y conservar la amistad de los monarcas, de suerte que éstos le sirvan de buen grado (de aquí se inventó la frase nunca dicha por Maquiavelo de que **"El fin justifica los medios"**)

CAPÍTULO VIII

LOS QUE LLEGARON A PRÍNCIPES POR MEDIO DE MALDADES

72.- Dependen del uso de actos de rigor. Y permítame llamar buen uso de los actos de rigor el que se ejerce con brusquedad.- Permítame llamar buen uso de los actos de rigor el que se ejerce con brusquedad, de una vez y únicamente por la necesidad de proveer a la seguridad propia, sin continuarlos luego, y tratando a la vez de encaminarlos cuanto sea posible a la mayor utilidad de los gobernados.

73.- Los actos de severidad mal usados son aquellos que, pocos al principio, van aumentándose y se multiplican de día en día, en vez de disminuirse y de atenerse a su primitiva finalidad

74.- Es menester, pues, que el que adquiera un Estado ponga atención en los actos de rigor que le es preciso ejecutar, a ejercerlos todos de una sola vez e inmediatamente, a fin de no verse obligado a volver a ellos todos los días, y poder, no renovándolos, tranquilizar a sus gobernados, a los que ganará después fácilmente, haciéndoles bien.

75.- El que obra de otro modo, por timidez o guiado por malos consejos, se ve forzado de continuo a tener la cuchilla en la mano, y no puede contar nunca con sus súbditos, porque estos mismos, que le saben obligado a proseguir y a reanudar los actos de severidad, tampoco pueden estar jamás seguros con él.

76.- Precisamente porque semejantes actos han de ejecutarse todos juntos porque ofenden menos, si es menor el tiempo que se tarda en pensarlos;

77.-Los beneficios, en cambio, han de hacerse poco a poco, a fin de que haya lugar para saborearlos mejor. Así, un príncipe debe, ante todas las cosas, conducirse con sus súbditos de modo que ninguna contingencia, buena o mala, le haga variar, dado que, si sobrevinieran tiempos difíciles y penosos, no le quedaría ya ocasión para remediar el mal, y el bien que hace entonces no se convierte en provecho suyo, pues lo miran como forzoso, y no sé lo agradecen.

CAPÍTULO IX

DEL PRINCIPADO CIVIL

78.- Vengamos al segundo modo con que un particular llega a hacerse príncipe, sin valerse de nefandos crímenes, ni de intolerables violencias. Es cuando, con el auxilio de sus conciudadanos, llega a reinar en su patria. A este principado lo llamo civil. Para adquirirlo, no hay necesidad alguna de cuanto el valor o la fortuna pueden hacer sino más bien de cuanto una acertada astucia puede combinar. Pero nadie se eleva a esta soberanía sin el favor del pueblo o de los grandes.

79.- En toda ciudad existen dos inclinaciones diversas, una de las cuales proviene de que el pueblo desea no ser dominado y oprimido por los grandes, y la otra de que los grandes desean dominar y oprimir al pueblo. Del choque de ambas inclinaciones dimana una de estas tres cosas: o el establecimiento del principado, o el de la república, y el de la licencia y la anarquía.

80.- En cuanto al principado, su establecimiento se promueve por el pueblo o por los grandes, según que uno u otro de estos dos partidos tengan ocasión para ello. Si los grandes ven que no les es posible resistir al pueblo, comienzan por formar una gran reputación a uno de ellos y, dirigiendo todas las miradas hacia él, acaban por hacerle príncipe, a fin de poder dar a la sombra de su soberanía, rienda suelta a sus deseos. El pueblo procede de igual manera con respecto a uno solo, si ve que no les es posible resistir a los grandes, a fin de que le proteja con su autoridad.

81.- El que consigue la soberanía con el auxilio de los grandes se mantiene en ella con más dificultad que el que la consigue con el del pueblo, porque, desde que es príncipe, se ve cercado de muchas personas que se tienen por iguales a él, no puede mandarlas y manejarlas a su discreción. Pero el que consigue la soberanía con el auxilio del pueblo se halla solo en su exaltación y, entre cuantos le rodean no encuentra ninguno, o encuentra poquísimos que no estén prontos a obedecerle.

82.- Otra parte, es difícil, con decoro y sin agraviar a los otros, contentar los deseos de los grandes. Pero se contentan fácilmente los del pueblo, porque los deseos de éste llevan un fin más honrado que el de los grandes en atención a que los grandes quieren oprimir, el pueblo sólo quiere no ser oprimido.

83.- Si el pueblo es enemigo del príncipe, éste no se verá jamás seguro.

84.- El pueblo se compone de un número grandísimo de hombres, mientras que, siendo poco numerosos los grandes, es posible asegurarse de ellos más fácilmente.

85.- Lo peor que el príncipe puede temer de un pueblo que no le ama, es ser abandonado por él. Pero, si le son contrarios los grandes, debe temer no sólo verse abandonado sino también atacado y destruido por ellos, que teniendo más previsión y más astucia que el pueblo, emplean bien el tiempo para salir del apuro, y solicitan dignidades de aquel que esperan ver sustituir al príncipe reinante.

86.- Además, el príncipe se ve obligado a vivir siempre con un mismo pueblo, al paso que le es factible obrar sin unos mismos grandes, puesto que está en su mano hacer otros nuevos y deshacerlos todos los días, como también darles crédito, o quitarles el de que gozan, cuando le venga en gana.

87.- Para aclarar más lo relativo a los grandes, digo que deben considerarse dos circunstancias diferentes: o se conducen de modo que se unan en un todo con la fortuna y si no son rapaces deben ser estimados y honrados o proceden de modo que se pasen sin ella.

88.- O los segundos, que no se ligan al príncipe personalmente, pueden considerarse en otros dos aspectos. Unos obran así por pusilanimidad o falta de ánimo, y entonces el príncipe debe servirse de ellos como de los primeros, especialmente cuando le den buenos consejos, porque le son fieles en la prosperidad e inofensivos en la adversidad.

89.- Pero los que obran por cálculo o por ambición, manifiestan que piensan más en él que en su soberano, y éste debe prevenirse contra ellos y mirarlos como a enemigos declarados, porque en la adversidad ayudarán a hacerle caer.

90.- Un ciudadano llegado a príncipe por el favor del pueblo ha de tender a conservar su afecto, lo cual es fácil, ya que el pueblo pide únicamente no ser oprimido.

91.- El que llegó a ser príncipe con el auxilio de los grandes y contra el voto del pueblo, ha de procurar conciliárselo, tomándolo bajo su protección. Cuando los hombres reciben bien de quien no esperan más que mal, se apoyan más y más en él. Así, el pueblo sometido por un príncipe nuevo, que se erige en bienhechor suyo, le coge más afecto que si él mismo, por benevolencia, le hubiera elevado a la soberanía. Luego el príncipe puede captarse al pueblo de varios modos, pero tan numerosos y dependientes de tantas circunstancias variables, que me es imposible formular una regla fija y cierta sobre el asunto, y me limito a insistir en que es necesario que el príncipe posea el afecto del pueblo, sin lo cual carecerá de apoyo en la adversidad.

92.- Nabis, príncipe nuevo entre los espartanos, resistió el sitio de todas las tropas griegas y de un ejército romano curtido en las victorias y resistió fácilmente contra ambas fuerzas su patria y su Estado, porque era amado por su pueblo, Pero no hubiera logrado tamaños triunfos, si hubiera tenido al pueblo por enemigo.

93.- Si el que se funda en el pueblo, es príncipe suyo, y puede mandarle, y es hombre de corazón, no se atemorizará en la adversidad. Como haya tomado las disposiciones oportunas y mantenido, con sus estatutos y con su valor, el de la generalidad de los ciudadanos, no será engañado jamás por el pueblo, y reconocerá que los fundamentos que se ha formado con éste, son buenos. Porque las soberanías de esta clase sólo peligran cuando se las hace subir del orden civil al de una monarquía absoluta, en que el príncipe manda por sí mismo, o por intermedio de sus magistrados.

94.- Cuando se depende enteramente de la voluntad de los que ejercen las magistraturas, pueden arrebatarle sin gran esfuerzo el Estado, ya sublevándose contra él, ya no obedeciéndole. En los peligros, semejante príncipe no encuentra ya razón para recuperar su omnímoda autoridad por cuanto los súbditos, acostumbrados a recibir las órdenes directamente de los magistrados, no están dispuestos, en tales circunstancias críticas, a obedecer a las suyas y, en tiempos tan dudosos, carece siempre de gentes en quienes pueda fiarse.

95.- No se halla en el caso de los momentos pacíficos, en que los ciudadanos necesitan del Estado, porque entonces todos se mueven, prometen y quieren morir por él, en atención a que ven la muerte remota. Pero en épocas revueltas, cuando el Estado más necesita de los ciudadanos, son poquísimos los que le secundan. Y la experiencia es tanto más peligrosa, cuanto que no cabe hacerla más que una vez. Por ende, un soberano prudente debe imaginar un método por el que sus gobernados tengan de continuo, en todo evento y en circunstancia de cualquier índole, una necesidad grandísima de su principado. Es el medio más seguro de hacérselos fieles para siempre.

CAPÍTULO XV

DE LAS COSAS POR LAS QUE LOS HOMBRES, Y ESPECIALMENTE LOS PRÍNCIPES, SON ALABADOS O CENSURADOS

96.- Conviene ahora ver cómo debe conducirse un príncipe con sus amigos y con sus súbditos. Muchos escribieron ya sobre esto, y, al tratarlo yo con posterioridad, no incurriré en defecto de presunción, pues no hablaré más que con arreglo a lo que sobre esto dijeron ellos. Siendo mi fin hacer indicaciones útiles para quienes las comprendan, he tenido por más conducente a este fin seguir en el asunto la verdad real, y no los desvaríos de la imaginación, porque muchos concibieron repúblicas y principados, que jamás vieron, y que sólo existían en su fantasía acalorada.

97.- Hay tanta distancia entre saber cómo viven los hombres, y cómo debieran vivir, que el que para gobernarlos aprende el estudio de lo que se hace, para deducir lo que sería más noble y más justo hacer, aprende más a crear su ruina que a reservarse de ella.

98.-Un príncipe que a toda costa quiere ser bueno, cuando de hecho está rodeado de gentes que no lo son no puede menos que caminar hacia un desastre.

99.-Por ende es necesario que un príncipe que desee mantenerse en su reino, aprenda a no ser bueno en ciertos casos, y a servirse o no servirse de su bondad, según que las circunstancias lo exijan.

100.- Cuantos hombres atraen la atención de sus prójimos, y muy especialmente los príncipes, por hallarse colocados a mayor altura que los demás, se distinguen por determinadas prendas personales, que provocan la alabanza o la censura. Uno es mirado como liberal y otro como miserable, en lo que me sirvo de una expresión Toscana, en vez de emplear la palabra avaro, dado que en nuestra lengua un avaro es también el que tira a enriquecerse con rapiñas, mientras que llamamos miserable únicamente a aquel que se abstiene de hacer uso de lo que posee. Y para continuar mi enumeración añado: uno se reputa como generoso, y otro tiene fama de rapaz; uno pasa por cruel, y otro por compasivo; uno por carecer de lealtad, y otro por ser fiel a sus promesas; uno por afeminado y pusilánime, y otro por valeroso y feroz; uno por humano, y otro por soberbio; uno por casto, y otro por lascivo; uno por dulce y flexible, y otro por duro e intolerable; uno por grave, y otro por ligero; uno por creyente y religioso, y otro por incrédulo e impío, etc..- Sé (y cada cual convendrá en ello) que no habría cosa más deseable y más loable que el que un príncipe estuviese dotado de cuantas cualidades buenas he entremezclado con las malas que le son opuestas. Pero como es casi imposible que las reúna todas, y aun que las ponga perfectamente en práctica, porque la condición humana no lo permite,

101.- Es necesario que el príncipe sea lo bastante prudente para evitar la infamia de los vicios que le harían perder su corona, y hasta para preservarse, si puede, de los que no se la harían perder. Si, no obstante, no se abstuviera de los últimos, quedaría obligado a menos reserva, abandonándose a ellos. Pero no tema incurrir en la infamia aneja a ciertos vicios si no le es dable sin ellos conservar su Estado, ya que, si pesa bien todo, hay cosas que parecen virtudes, como la benignidad y la clemencia, y, si las observa, crearán su ruina, mientras que otras que parecen vicios, si las practica, acrecerán su seguridad y su bienestar. (otra vez **"El fin justifica los medios"**)

CAPÍTULO XVI

DE LA LIBERALIDAD Y DE LA MISERIA

102.- Comenzando por la primera de estas prendas, reconozco cuán útil resultaría al príncipe ser liberal. Sin embargo, la liberalidad que impidiese le temieran, le sería perjudicial en grado sumo. Si la ejerce con prudencia y de modo que no lo sepan no incurrirá por ello en la infamia del vicio contrario

103.-El que quiere conservar su reputación de liberal no puede abstenerse de parecer suntuoso, sucederá siempre que un príncipe que aspira a semejante gloria, consumirá todas sus riquezas en prodigalidades, y al cabo, si pretende continuar pasando por liberal, se verá obligado a gravar extraordinariamente a sus súbditos, a ser extremadamente fiscal, y a hacer cuanto sea imaginable para obtener dinero, Ahora bien: esta conducta comenzará a tornarlo odioso a sus gobernados, y, empobreciéndose así más y más, perderá la estimación de cada uno de ellos, de tal suerte que después de haber perjudicado a muchas personas para ejercitar una liberalidad que no ha favorecido más que a un cortísimo número de ellas, sentirá vivamente la primera necesidad y peligrará al menor riesgo. Y, si reconoce entonces su falta, y quiere mudar de conducta, se atraerá repentinamente el oprobio anejo a la avaricia.

104.- No pudiendo, pues, un príncipe, sin que de ello le resulte perjuicio, ejercer la virtud de la liberalidad de un modo notorio, debe, si es prudente, no inquietarse de ser notado de avaricia, porque con el tiempo le tendrán más y más por liberal, cuando observen que, gracias a su parsimonia, le bastan sus rentas para defenderse de cualquiera que le declare la guerra, y para acometer empresas, sin gravar a sus pueblos. Por tal arte, ejerce la liberalidad con todos aquellos a quienes no toma nada, y cuyo número es inmenso, al paso que no es avaro más que con aquellos a quienes no da nada, y cuyo número es poco crecido. ¿Por ventura no hemos visto, en estos tiempos, que solamente los que pasaban por avaros lograron grandes cosas, y que los pródigos quedaron vencidos?

105.- Un príncipe que no quiera verse obligado a despojar a sus gobernados, ni que le falte nunca con qué defenderse, ni sufrir pobreza y miseria, ni necesitar ser rapaz, debe temer poco incurrir en la reputación de avaro, puesto que su avaricia es uno de los vicios que aseguran su reinado.

106.- El príncipe dispersa sus propios bienes y los de sus súbditos, o dispone de los bienes ajenos. En el primer caso, debe ser económico, y, en el segundo, no debe omitir ninguna especie de liberalidad. El príncipe que, con sus ejércitos, va a efectuar saqueos y a llenarse de botín, y a apoderarse de los caudales de los vencidos, está obligado a ser pródigo con sus soldados, que no le seguirían sin ese estímulo. Puede entonces mostrarse ampliamente generoso, puesto que da lo que no es suyo, ni de sus soldados.

107.- Lo único que puede perjudicarle es gastar sus propios bienes, porque nada hay que agote tanto como la liberalidad desmedida. Mientras la ejerce, pierde poco a poco la facultad misma de ejercerla, se torna pobre y despreciable, y, cuando quiere evitar su ruina total por la tacañería, se hace rapaz y odioso.

108.- Uno de los inconvenientes mayores de que un príncipe ha de precaverse es el de ser menospreciado aborrecido. Y, conduciendo a ello la liberalidad, concluyo que la mejor sabiduría es no temer la reputación de avaro, que no produce más que infamia sin odio, antes que verse, por el gusto de gozar renombre de liberal, en el brete de incurrir en la nota de rapacidad, cuya infamia va acompañada siempre del odio público.

CAPÍTULO XVII

DE LA CLEMENCIA Y DE LA SEVERIDAD, Y SI VALE MAS SER AMADO QUE TEMIDO

109.- El príncipe ha de desear que se le repute por clemente y no por cruel. Advertiré, sin embargo, que debe temer en todo instante hacer mal uso de su clemencia.

110.- Al príncipe no le conviene dejarse llevar por el temor de la infamia inherente a la crueldad, si necesita de ella para conservar unidos a sus gobernados e impedirles faltar a la fe que le deben, porque, con poquísimos ejemplos de severidad, será mucho más clemente que los que por lenidad excesiva toleran la producción de desórdenes, acompañados de robos y de crímenes, dado que estos horrores ofenden a todos los ciudadanos, mientras que los castigos que dimanan del jefe de la nación no ofenden más que a un particular.

111.- A un príncipe nuevo le es dificilísimo evitar la fama de cruel, a causa de que los Estados nuevos están llenos de peligros "Res dura et regni novitus me talia cognut. Moliri, et late fines custode tueri. (trad) "Una situación muy difícil y lo reciente de mi reino me obligan a hacer esas cosas y guardar mis fronteras en todas partes".

112.- La obligación del príncipe es proceder moderadamente, con prudencia y aun con humanidad, sin que mucha confianza le haga confiado, y mucha desconfianza le convierta en un hombre insufrible.

113.- Y aquí se presenta la cuestión de saber si vale más ser temido que amado. Respondo que convendría ser una y otra cosa juntamente, pero que, dada la dificultad de este juego simultáneo, y la necesidad de carecer de uno o de otro de ambos beneficios, **el partido más seguro es ser temido antes que amado.**

114.-Hablando in genere, puede decirse que los hombres son ingratos, volubles, disimulados, huidores de peligros y ansiosos de ganancias. Mientras les hacemos bien y necesitan de nosotros, nos ofrecen sangre, caudal, vida e hijos, pero se rebelan cuando ya no les somos útiles.

El príncipe que ha confiado en ellos, se halla destituido de todos los apoyos preparatorios, y decae, pues las amistades que se adquieren, no con la nobleza y la grandeza de alma, sino con el dinero, no son de provecho alguno en los tiempos difíciles y penosos, por mucho que se las haya merecido.

115.- Los hombres se atreven más a ofender al que se hace amar, que al que se hace temer, porque el afecto no se retiene por el mero vínculo de la gratitud, que, en atención a la perversidad ingénita de nuestra condición, toda ocasión de interés personal llega a romper,

116.- El miedo a la autoridad política se mantiene siempre con el miedo al castigo inmediato, que no abandona nunca a los hombres.

117.- No obstante, el príncipe que se hace temer, sin al propio tiempo hacerse amar, debe evitar que le aborrezcan, ya que cabe inspirar un temor saludable y exento de odio, cosa que logrará con sólo abstenerse de poner mano en la hacienda de sus soldados y de sus súbditos, así como de despojarles de sus mujeres, o de atacar el honor de éstas. **Si le es indispensable derramar la sangre de alguien, no debe determinarse a ello sin suficiente justificación y patente delito.**

118.- El Príncipe ha de procurar, ante todo, no incautarse de los bienes de la víctima porque los hombres olvidan más pronto la muerte de su padre que la pérdida de su patrimonio.

119.- Si sus inclinaciones le llevasen a raptar la propiedad del prójimo, le sobrarán ocasiones para ello, pues el que comienza viviendo de rapiñas, encontrará siempre pretextos para apoderarse de lo que no es suyo, al paso que las ocasiones de derramar la sangre de sus gobernados son más raras, y le faltan más a menudo.

120.- Cuando el príncipe esté con sus tropas y tenga que gobernar a miles de soldados, no debe preocuparle adquirir fama de cruel, ya que, sin esta fama no logrará conservar un ejército unido, ni dispuesto para cosa alguna. Entre las acciones más admirables de Aníbal, resalta la que, mandando un ejército integrado por hombres de los países más diversos, y que iba a pelear en tierra extraña, su conducta fue tal que en el seno de aquel ejército, tanto en la favorable como en la adversa fortuna, no hubo la menor disensión entre los soldados ni la más leve iniciativa de sublevación contra su jefe. Ello no pudo provenir sino de su despiadada inhumanidad, que, juntada a las demás dotes suyas, que eran muchas y excelentes, le hizo respetable por el terror para sus hombres de armas, y, sin su crueldad, no hubieran bastado las demás partes de su persona para obtener tal efecto.

CAPÍTULO XVIII

DE QUE MODO DEBEN GUARDAR LOS PRÍNCIPES LA FE PROMETIDA

121.- ¡Cuán digno de alabanza es un príncipe cuando mantiene la fe que ha jurado, cuando vive de un modo íntegro y cuando no usa de doblez en su conducta! No hay quien no comprenda esta verdad, y, sin embargo, la experiencia de nuestros días muestra que varios príncipes, desdeñando la buena fe y empleando la astucia para reducir a su voluntad el espíritu de los hombres, realizaron grandes empresas, y acabaron por triunfar de los que procedieron en todo con lealtad.

122.- Es necesario que el príncipe sepa que dispone, para defenderse, de dos recursos: la ley y la fuerza. El primero es propio de hombres, y el segundo corresponde esencialmente a los animales. Pero como a menudo no basta el primero es preciso recurrir al segundo.

123.- Le es, por ende, indispensable a un príncipe hacer buen uso de la Ley y la Fuerza ya simultánea, ya sucesivamente.

124.- muchos de los héroes y particularmente Aquiles, fueron confiados en su niñez al centauro Quirón, para que les criara y los educara bajo su disciplina. Esta alegoría no significa otra cosa sino que tuvieron por preceptor a un maestro que era mitad hombre y mitad bestia, **o sea que un príncipe necesita utilizar a la vez o intermitentemente de una naturaleza y de la otra, y que la una no duraría, si la otra no la acompañara.**

125.- Desde que un príncipe se ve en la precisión de obrar competentemente conforme a la índole de los brutos, los que ha de imitar son el león y la zorra, según los casos en que se encuentre. El ejemplo del león no basta, porque este animal no se preserva de los lazos, y la zorra sola no es suficiente, porque no puede librarse de los lobos. Es necesario, por consiguiente, ser zorra, para conocer los lazos, y león, para espantar a los lobos; pero los que toman por modelo al último animal no entienden sus intereses.

126.-.- Cuando un príncipe dotado de prudencia advierte que su fidelidad a las promesas redunda en su perjuicio, y que los motivos que le determinaron a hacerlas no existen ya, ni puede, ni siquiera debe guardarlas, a no ser que consienta en perderse.

127.- Nunca faltan razones legítimas a un príncipe para cohonestar la inobservancia de sus promesas, inobservancia autorizada en algún modo por infinidad de ejemplos demostrativos de que se han concluido muchos felices tratados de paz, y se han anulado muchos empeños funestos, por la sola infidelidad de los príncipes a su palabra. El que mejor supo obrar como zorra, tuvo mejor acierto.

128.- Los hombres son tan simples, y se sujetan a la necesidad en tanto grado, que el que engaña con arte halla siempre gente que se deje engañar.

129.- No hace falta que un príncipe posea todas las virtudes de que antes hice mención, pero conviene que aparente poseerlas.

130.- Hasta me atrevo a decir que, si las posee realmente, y las practica de continuo, le serán perniciosas a veces, mientras que, aun no poseyéndolas de hecho, pero aparentando poseerlas, le serán siempre provechosas. Puede aparecer manso, humano, fiel, leal, y aun serlo. Pero le es menester conservar su corazón en tan exacto acuerdo con su inteligencia que, en caso preciso, sepa variar en sentido contrario.

131.- Un príncipe, y especialmente uno nuevo, que quiera mantenerse en su trono, ha de comprender que no le es posible observar con perfecta integridad lo que hace mirar a los hombres como virtuosos, puesto que con frecuencia, para mantener el orden en su Estado, se ve forzado a obrar contra su palabra, contra las virtudes humanitarias o caritativas y hasta contra su religión. Su espíritu ha de estar dispuesto a tomar el giro que los vientos y las variaciones de la fortuna exijan de él, y, como expuse más arriba, a no apartarse del bien, mientras pueda, pero también a saber obrar en el mal, cuando no queda otro recurso.

132.- Debe cuidar mucho de ser circunspecto, para que cuantas palabras salgan de su boca, lleven impreso el sello de las virtudes mencionadas, y para que, tanto viéndole, como oyéndole, le crean enteramente lleno de buena fe, entereza, humanidad, caridad y religión Cada cual ve lo que el príncipe parece ser, pero pocos comprenden lo que es realmente y estos pocos no se atreven a contradecir la opinión del vulgo, que tiene por apoyo de sus ilusiones la majestad del Estado que le protege.

133 (LA CITA DE "EL FIN JUSTIFICA LOS MEDIOS" En las acciones de todos los hombres, pero particularmente en las de los príncipes, contra los que no cabe recurso de apelación, se considera simplemente el fin que llevan. Dedíquese, pues, el príncipe a superar siempre las dificultades y a conservar su Estado. Si logra con acierto su fin se tendrán por honrosos los medios conducentes al mismo, pues el vulgo se paga únicamente de exterioridades y se deja seducir por el éxito.

CAPITULO XIX

EL PRÍNCIPE DEBE EVITAR SER ABORRECIDO Y DESPRECIADO

134.- Habiendo considerado todas las dotes que deben adornar a un príncipe, quiero, después de haber hablado de las más importantes, discurrir también sobre las otras, al menos de un modo general y brevemente, estatuyendo que el príncipe debe evitar lo que pueda hacerle odioso y menospreciable.

135.- Cuantas veces lo evite, habrá cumplido con su obligación, y no hallará peligro alguno en cualquiera otra falta en que llegue a incurrir. Lo que más que nada le haría odioso sería mostrarse rapaz, usurpando las propiedades de sus súbditos, o apoderándose de sus mujeres, de lo cual ha de abstenerse en absoluto. Mientras no se quite a la generalidad de los hombres sus bienes o su honra, vivirán como si estuvieran contentos, y no hay ya más que preservarse de la ambición de un corto número de individuos, ambición reprimible fácilmente de muchos modos.

136.- Un príncipe cae en el menosprecio cuando pasa por variable, ligero, afeminado, pusilánime e irresoluto. Ponga, pues, sumo cuidado en preservarse de semejante reputación como de un escollo, e ingéniese para que en sus actos se advierta constancia, gravedad, virilidad, valentía y decisión. Cuando pronuncie juicio sobre las tramas de sus súbditos, determínese a que sea irrevocable su sentencia.

137.- Es preciso que El Príncipe mantenga a sus súbditos en una tal opinión de su perspicacia, que ninguno de ellos abrigue el pensamiento de engañarle o de envolverle en intrigas.

138.- El príncipe logrará esto, si es muy estimado, pues difícilmente se conspira contra el que goza de mucha estimación. Los extranjeros, por otra parte, no le atacan con gusto, con tal, empero, que sea un excelente príncipe, y que le veneren sus gobernados.

139.- Dos cosas ha de temer el príncipe son a saber: 1) en el interior de su Estado, alguna rebelión de sus súbditos; 2) en el exterior, un ataque de alguna potencia vecina. Se preservará del segundo temor con buenas armas, y, sobre todo, con buenas alianzas, que logrará siempre con buenas armas. Ahora bien: cuando los conflictos exteriores están obstruidos, lo están también los interiores, a menos que los haya provocado ya una conjura. Pero, aunque se manifestara exteriormente cualquier tempestad contra el príncipe que interiormente tiene bien arreglados sus asuntos, si ha vivido según le he aconsejado, y si no le abandonan sus súbditos, resistirá todos los ataques foráneos, como hemos visto que hizo Nabis, el rey lacedemonio.

140.-Sin embargo, con respecto a sus gobernados, aun en el caso de que nada se maquine contra él desde afuera, podrá temer que se conspire ocultamente dentro. Pero esté seguro de que ello no acaecerá, si evita ser aborrecido y despreciado, y si, como antes expuse por extenso, logra la ventaja esencial de que el pueblo se muestre contento de su gobernación. Por consiguiente, uno de los más poderosos preservativos de que contra las conspiraciones puede disponer el soberano, es no ser aborrecido y despreciado de sus súbditos, porque al conspirador no le alienta más que la esperanza de contentar al pueblo, haciendo perecer al príncipe.

141.- La experiencia enseña que hubo muchas conspiraciones, y que pocas obtuvieron éxito, porque, no pudiendo obrar solo y por cuenta propia el que conspira, ha de asociarse únicamente a los que juzga descontentos. Mas, por lo mismo que ha descubierto a uno de ellos, le ha dado pie para contentarse por sí mismo, ya que al revelar al príncipe la trama que se le ha confiado, bástale para esperar de él un buen premio. Y como de una parte encuentra una ganancia segura, y de otra parte una empresa dudosa y llena de peligros, para que mantenga la palabra que dio a quien le inició en la conspiración será menester, o que sea un amigo suyo como hay pocos, o un enemigo irreconciliable del príncipe.

142.- Para reducir la cuestión a breves términos, haré notar que del lado del conjurado todo es recelo, sospecha y temor a la pena que le impondrán, si fracasa, mientras que del lado del príncipe están las leyes, la defensa del Estado, la majestad de su soberanía y la protección de sus amigos, de suerte que, si a todos estos preservativos se añade la benevolencia del pueblo, es casi imposible que nadie sea lo bastante temerario para conspirar.

143 Si todo conjurado, antes de la ejecución de su plan, siente comúnmente miedo de que se malogre, lo sentirá mucho más en tal caso, pues, aun triunfando, tendrá por enemigo al pueblo, y no le quedará entonces ningún refugio.

144.- Un príncipe debe inquietarse poco de las conspiraciones, cuando le manifiesta buena voluntad el pueblo, al paso que si éste le es contrario, y le odia, le sobran motivos para temerlas en cualquier ocasión y de parte de cualquier individuo.

145.- Los príncipes sabios y los Estados bien ordenados cuidaron siempre tanto de contentar al pueblo como de no descontentar a los nobles hasta el punto de reducirlos a la desesperación.

146 Uno de los reinos mejor concertados y gobernados de nuestra época es Francia. Se halla allí una infinidad de excelentes estatutos, el primero de los cuales es el Parlamento y la amplitud de su autoridad, estatutos a que van unidas la libertad del pueblo y la seguridad del rey. Conociendo el fundador del actual orden político la ambición e insolencia de los nobles, juzgando ser preciso ponerles un freno que los contuviese, sabiendo, por otra parte, cuánto les aborrecía el pueblo, a causa del miedo que les tenía y deseando sin embargo sosegarlos no quiso quedarse a cargo con esa doble tarea. A fin de quitarle esta preocupación, que podía repartir con la aristocracia, y de favorecer a la vez a los nobles y al pueblo, estableció por juez a un tercero, que, sin participación directa del monarca, reprimiera a los primeros y beneficiase al segundo. No cabe imaginar disposición alguna más prudente, ni mejor medio de seguridad para el príncipe y para la nación.

147.- Los príncipes deben dejar a otros la disposición de las cosas odiosas, y reservarse a si mismos las de gracia, estimando siempre a los nobles, pero sin hacerse nunca odiar del pueblo.

148.- el príncipe debe luchar más que contra la ambición de los grandes y contra la violencia de los pueblos,, con un tercer obstáculo, la avaricia y la crueldad de los soldados, obstáculo de tan difícil remoción, que muchos se desgraciaron en ello.

149.- La voluntad de los soldados es que su príncipe ejerza sobre la plebe funestas disposiciones, para obtener una paga doble, y para dar rienda suelta a su codicia

150.- El Príncipe Debe, pues, tomar de éste cuantos procederes le sean necesarios para fundar y asegurar bien su Estado, y de lo que hubo en su conducta de conveniente y de glorioso, para conservar un Estado ya fundado y asegurado.

FIN

DEDICATORIA A EL DISCURSO SOBRE EL ORIGEN DE LA DESIGUALDAD ENTRE LOS HOMBRES

Jean-Jacques Rousseau

Dedicatoria

A la República de Ginebra

Magníficos, muy honorables y soberanos señores:

Convencido de que sólo al ciudadano virtuoso le es dado ofrecer a su patria aquellos honores que ésta pueda aceptar, trabajo hace treinta años para ser digno de ofreceros un homenaje público; y supliendo en parte esta feliz ocasión lo que mis esfuerzos no han podido hacer, he creído que me sería permitido atender aquí más al celo que me anima que al derecho que debiera autorizarme.

Habiendo tenido la dicha de nacer entre vosotros, ¿cómo podría meditar acerca de la igualdad que la naturaleza ha establecido entre los hombres y sobre la desigualdad creada por ellos, sin pensar al mismo tiempo en la profunda sabiduría con que una y otra, felizmente combinadas en ese Estado, concurren, del modo más aproximado a la ley natura l y más favorable para la sociedad, al mantenimiento del orden público y a la felicidad de los particulares? Buscando las mejores máximas que pueda dictar el buen sentido sobre la constitución de un gobierno, he quedado tan asombrado al verlas todas puestas en ejecución en el vuestro, que, aun cuando no hubiera nacido dentro de vuestros muros, hubiese creído no poder dispensarme de ofrecer este cuadro de la sociedad humana a aquel de entre todos los pueblos que paréceme poseer las mayores ventajas y haber prevenido mejor los abusos.

Si hubiera tenido que escoger el lugar de mi nacimiento, habría elegido una sociedad de una grandeza limitada por la extensión de las facultades humanas, es decir, por la posibilidad de ser bien gobernada, y en la cual, bastándose cada cual a sí mismo, nadie hubiera sido obligado a confiar a los demás las funciones de que hubiese sido encargado; un Estado en que, conociéndose entre sí todos los particulares, ni las obscuras maniobras del vicio ni la modestia de la virtud hubieran podido escapar a las miradas y al juicio del público, y donde el dulce hábito de verse y de tratarse hiciera del amor a la patria, más bien que el amor a la tierra, el amor a los ciudadanos.

Hubiera querido nacer en un país en el cual el soberano y el pueblo no tuviesen más que un solo y único interés, a fin de que los movimientos de la máquina se encaminaran siempre al bien común, y como esto no podría suceder sino en el caso de que el pueblo y el soberano fuesen una misma persona, dedúcese que yo habría querido nacer bajo un gobierno democrático sabiamente moderado.

Hubiera querido vivir y morir libre, es decir, de tal manera sometido a las leyes, que ni yo ni nadie hubiese podido sacudir el honroso yugo, ese yugo suave y benéfico que las más altivas cabezas llevan tanto más dócilmente cuanto que están hechas para no soportar otro alguno.

Hubiera, pues, querido que nadie en el Estado pudiese pretender hallarse por encima de la ley, y que nadie desde fuera pudiera imponer al Estado su reconocimiento; porque, cualquiera que sea la constitución de un gobierno, si se encuentra un solo hombre que no esté sometido a la ley, todos los demás hállanse necesariamente a su merced [1]; y si hay un jefe nacional y otro extranjero, cualquiera que sea la división que hagan de su autoridad, es imposible que uno y otro sean obedecidos y que el Estado esté bien gobernado.

Yo no hubiera querido vivir en una república de reciente institución, por buenas que fuesen sus leyes, temiendo que, no conviniendo a los ciudadanos el gobierno, tal vez constituido de modo distinto al necesario por el momento, o no conviniendo los ciudadanos al nuevo gobierno, el Estado quedase sujeto a quebranto y destrucción casi desde su nacimiento; pues sucede con la libertad como con los alimentos sólidos y suculentos o los vinos generosos, que son propios para nutrir y fortificar los temperamentos robustos a ellos habituados, pero que abruman, dañan y embriagan a los débiles y delicados que no están acostumbrados a ellos. Los pueblos, una vez habituados a los amos, no pueden ya pasarse sin ellos. Si intentan sacudir el yugo, se alejan tanto más de la libertad cuanto que, confundiendo con ella una licencia completamente opuesta, sus revoluciones los entregan casi siempre a seductores que no hacen sino recargar sus cadenas. El mismo pueblo romano, modelo de todos los pueblos libres, no se halló en situación de gobernarse a sí mismo al sacudir la opresión de los Tarquinos [2]. Envilecido por la esclavitud y los ignominiosos trabajos que éstos le habían impuesto, el pueblo romano no fue al principio sino un populacho estúpido, que fue necesario conducir y gobernar con muchísima prudencia a fin de que, acostumbrándose poco a poco a respirar el aire saludable de la libertad, aquellas almas enervadas, o mejor dicho embrutecidas bajo la tiranía, fuesen adquiriendo gradualmente aquella severidad de costumbres y aquella firmeza de carácter que hicieron del romano el más respetable de todos los pueblos.

Hubiera, pues, buscado para patria mía una feliz y tranquila república cuya antigüedad se perdiera, en cierto modo, en la noche de los tiempos; que no hubiese sufrido otras alteraciones que aquellas a propósito para revelar y arraigar en sus habitantes el valor y el amor a la patria, y donde los ciudadanos, desde largo tiempo acostumbrados a una sabia independencia, no solamente fuesen libres, mas también dignos de serlo.

Hubiera querido una patria disuadida, por una feliz impotencia, del feroz espíritu de conquista, y a cubierto, por una posición todavía más afortunada, del temor de poder ser ella misma la conquista de otro Estado; una ciudad libre colocada entre varios pueblos que no tuvieran interés en invadirla, sino, al contrario, que cada uno lo tuviese en impedir a los demás que la invadieran; una república, en fin, que no despertara la ambición de sus vecinos y que pudiese fundadamente contar con su ayuda en caso necesario. Síguese de esto que, en tan feliz situación, nada habría de temer sino de sí misma, y que si sus ciudadanos se hubieran ejercitado en el uso de las armas, hubiese sido más bien para mantener en ellos ese ardor guerrero y ese firme valor que tan bien sientan a la libertad y que alimentan su gusto, que por la necesidad de proveer a su propia defensa.

Hubiera buscado un país donde el derecho de legislar fuese común a todos los ciudadanos, porque ¿quién puede saber mejor que ellos mismos en qué condiciones les conviene vivir juntos en una misma sociedad? Pero no hubiera aprobado plebiscitos semejantes a los usados por el pueblo romano, en el cual los jefes del Estado y los más interesados en su conservación estaban excluidos de las deliberaciones, de las que frecuentemente dependía la salud pública, y donde, por una absurda inconsecuencia, los magistrados hallábanse privados de los derechos de que disfrutaban los simples ciudadanos.

Hubiera deseado, al contrario, que, para impedir los proyectos interesados y mal concebidos y las innovaciones peligrosas que perdieron por fin a los atenienses, no tuviera cualquiera el derecho de preponer caprichosamente nuevas leyes; que este derecho perteneciera solamente a los magistrados; que éstos usasen de él con tanta circunspección, que el pueblo, por su parte, no fuera menos reservado para otorgar su consentimiento; y que la promulgación se hiciera con tanta solemnidad, que antes de que la constitución fuese alterada hubiera tiempo para convencerse de que es sobre todo la gran antigüedad de las leyes lo que las hace santas y venerables; que el pueblo menosprecia rápidamente las leyes que ve cambiar a diario, y que, acostumbrándose a descuidar las antiguas costumbres so pretexto de mejores usos, se introducen frecuentemente grandes males queriendo corregir otros menores.

Hubiera huido, sobre todo, por estar necesariamente mal gobernada, de una república donde el pueblo, creyendo poder prescindir de sus magistrados, o concediéndoles sólo una autoridad precaria, hubiese guardado para sí, con notoria imprudencia, la administración de sus asuntos civiles y la ejecución de sus propias leyes. Tal debió de ser la grosera constitución de los primeros gobiernos al salir inmediatamente del estado de naturaleza; y ése fue uno de los vicios que perdieron a la república de Atenas.

Pero hubiera elegido la república en donde los particulares, contentándose con otorgar la sanción de las leyes y con decidir, constituidos en cuerpo y previo informe de los jefes, los asuntos públicos más importantes, estableciesen Tribunales respetados, distinguiesen con cuidado las diferentes jurisdicciones y eligiesen anualmente para administrar la justicia y gobernar el Estado a los más capaces y a los más íntegros de sus conciudadanos; aquella donde, sirviendo de testimonio de la sabiduría del pueblo la virtud de los magistrados, unos y otros se honrasen mutuamente, de suerte que sí alguna vez viniesen a turbar la concordia pública funestas desavenencias, aun esos tiempos de ceguedad y de error quedasen señalados con testimonios de moderación, de estima recíproca, de un común respeto hacia las leyes, presagios y garantías de una reconciliación sincera y perpetua.

Tales son, magníficos, muy honorables y soberanos señores, las ventajas que hubiera deseado en la patria de mi elección. Y si la Providencia hubiese añadido además una posición encantadora, un clima moderado, una tierra fértil y el paisaje más delicioso que existiera bajo el cielo, sólo habría deseado ya, para colmar mi ventura, poder gozar de todos estos bienes en el seno de esa patria afortunada, viviendo apaciblemente en dulce sociedad con mis conciudadanos y ejerciendo con ellos, a su ejemplo, la humanidad, la amistad y todas las demás virtudes, para dejar tras mí el honroso recuerdo de un hombre de bien y de un honesto y virtuoso patriota.

Si, menos afortunado o tardíamente discreto, me hubiera visto reducido a terminar en otros climas una carrera lánguida y enfermiza, lamentando vanamente el reposo y la paz de que me había privado una imprudente juventud, hubiese al menos alimentado en mi alma esos mismos sentimientos de los cuales no hubiera podido hacer uso en mi país, y, poseído de un afecto tierno y desinteresado hacia mis lejanos conciudadanos, les habría dirigido desde el fondo de mi corazón, poco más o menos, el siguiente discurso:

«Queridos conciudadanos, o mejor, hermanos míos, puesto que así los lazos de la sangre como las leyes nos unen a casi todos: Dulce es para mí no poder pensar en vosotros sin pensar al mismo tiempo en todos los bienes de que disfrutáis, y cuyo valor acaso ninguno de vosotros estima tanto como yo que los he perdido. Cuanto más reflexiono sobre vuestro estado político y civil, más difícil me parece que la naturaleza de las cosas humanas pueda permitir la existencia de otro mejor. En todos los demás gobiernos, cuando se trata de asegurar el mayor bien del Estado, todo se limita siempre a proyectos abstractos o, cuando más, a meras posibilidades; para vosotros, en cambio, vuestra felicidad ya está hecha: no tenéis mas que disfrutarla, y para ser perfectamente felices no necesitáis sino conformaros con serlo. Vuestra soberanía, conquistada o recobrada con la punta de la espada y conservada durante dos siglos a fuerza de valor y de prudencia, es por fin plena y universalmente reconocida. Honrosos tratados fijan vuestros límites, aseguran vuestros derechos y fortalecen vuestra tranquilidad. Vuestra Constitución es excelente, dictada por la razón más sublime y garantida por potencias amigas y respetables; vuestro Estado es tranquilo; no tenéis guerras ni conquistadores que temer; no tenéis otros amos que las sabias leyes que vosotros mismos habéis hecho, administradas por íntegros magistrados por vosotros elegidos; no sois ni demasiado ricos para enervaros en la molicie y perder en vanos deleites el gusto de la verdadera felicidad y de las sólidas virtudes, ni demasiado pobres para que tengáis necesidad de más socorros extraños de los que os procura vuestra industria; y esa preciosa libertad, que no se mantiene en las grandes naciones sino a costa de exorbitantes impuestos, casi nada os cuesta conservarla.

«¡Que pueda durar siempre, para dicha de sus conciudadanos y ejemplo de los pueblos, una república tan sabia y afortunadamente constituida! He aquí el único voto que tenéis que hacer, el único cuidado que os queda. En adelante, a vosotros incumbe, no el hacer vuestra felicidad -vuestros antepasados os han evitado ese trabajo-, sino el conservarla duraderamente mediante un sabio uso. De vuestra unión perpetua, de vuestra obediencia a las leyes y de vuestro respeto a sus ministros depende vuestra conservación. Si queda entre vosotros el menor germen de acritud o desconfianza, apresuraos a destruirlo como levadura funesta de donde resultarían tarde o temprano vuestras desgracias y la ruina del Estado. Os conjuro a todos vosotros a replegaros en el fondo de vuestro corazón y a consultar la voz secreta de vuestra conciencia. ¿Conoce alguno de vosotros en el mundo un cuerpo más íntegro, más esclarecido, más respetable que vuestra magistratura? ¿No os dan todos sus miembros ejemplo de moderación, de sencillez de costumbres, de respeto a las leyes y de la más sincera armonía? Otorgad, pues, sin reservas a tan discretos jefes esa saludable confianza que la razón debe a la virtud; pensad que vosotros los habéis elegido, que justifican vuestra elección y que los honores debidos a aquellos que habéis investido de dignidad recaen necesariamente sobre vosotros mismos. Ninguno de vosotros es tan poco ilustrado que pueda ignorar que donde se extingue el vigor de las leyes y la autoridad de sus defensores no puede haber ni seguridad ni libertad para nadie.

¿De qué se trata, pues, entre vosotros sino de hacer de buen grado y con justa confianza lo que estaríais siempre obligados a hacer por verdadera conveniencia, por deber y por razón? Que una culpable y funesta indiferencia por el mantenimiento de la Constitución no os haga descuidar nunca en caso necesario las sabias advertencias de los más esclarecidos y de los más discretos, sino que la equidad, la moderación, la firmeza más respetuosa sigan regulando vuestros pasos y muestren en vosotros al mundo entero el ejemplo de un pueblo altivo y modesto, tan celoso de su gloria como de su libertad. Guardaos sobre todo, y éste será mi último consejo, de escuchar perniciosas interpretaciones y discursos envenenados, cuyos móviles secretos son frecuentemente más peligrosos que las acciones mismas. Una casa entera despiértase y se sobresalta a los primeros ladridos de un buen y fiel guardián que sólo ladra cuando se aproximan los ladrones; pero todos odian la impertinencia de esos ruidosos animales que turban sin cesar el reposo público y cuyas advertencias continuas y fuera de lugar no se dejan oír precisamente cuando son necesarias.»

Y vosotros, magníficos y honorabilísimos señores; vosotros, dignos y respetables magistrados de un pueblo libre, permitidme que os ofrezca en particular mis respetos y atenciones. Si existe en el mundo un rango que pueda enaltecer a quienes lo ocupen, es, sin duda, el que dan el talento y la virtud, aquel de que os habéis hecho dignos y al cual os han elevado vuestros conciudadanos. Su propio mérito añade al vuestro un nuevo brillo, y, elegidos por hombres capaces de gobernar a otros para que los gobernéis a ellos mismos, os considero tan por encima de los demás magistrados, como un pueblo libre, y sobre todo el que vosotros tenéis el honor de dirigir, se halla, por sus luces y su razón, por encima del populacho de los otros Estados.

Séame permitido citar un ejemplo del que debieran quedar más firmes huellas y que siempre vivirá en mi corazón. No recuerdo nunca sin sentir la más dulce emoción al virtuoso ciudadano que me dio el ser y que aleccionó a menudo mi infancia con el respeto que os era debido. Aun le veo, viviendo del trabajo de sus manos y alimentando su alma con las verdades más sublimes. Delante de él, mezclados con las herramientas de su oficio, veo a Tácito, a Plutarco y a Grocio. Veo a su lado a un hijo amado recibiendo con poco fruto las tiernas enseñanzas del mejor de los padres. Pero si los extravíos de una loca juventud me hicieron olvidar un tiempo sus sabias lecciones, al fin tengo la dicha de experimentar que, por grande que sea la inclinación hacia el vicio, es difícil que una educación en la cual interviene el corazón se pierda para siempre.

Tales son, magníficos y honorabilísimos señores, los ciudadanos y aun los simples habitantes nacidos en el Estado que gobernáis; tales, son esos hombres instruidos y sensatos sobre los cuales, bajo el nombre de obreros y de pueblo, se tienen en las otras naciones ideas tan bajas y tan falsas. Mi padre, lo confieso con alegría, no ocupaba entre sus conciudadanos un lugar distinguido; era lo que todos son, y tal como era, no hay país en que no hubiese sido solicitado y cultivado su trato, y aun con fruto, por las personas más honorables. No me incumbe, y gracias al cielo no es necesario, hablaros de las atenciones que de vosotros pueden esperar hombres de semejante excelencia, vuestros iguales así por la educación como por los derechos de su nacimiento y de la naturaleza; vuestros inferiores por su voluntad, por la preferencia que deben a vuestros merecimientos, y que ellos han reconocido, por la cual, a vuestra vez, les debéis una especie de reconocimiento. Veo con viva satisfacción con cuánta moderación y condescendencia usáis con ellos de la gravedad propia de los ministros de las leyes, cómo les devolvéis en estima y consideración la obediencia y el respeto que ellos os deben; conducta llena de justicia y sabiduría, a +propósito para alejar cada vez más el recuerdo de dolorosos acontecimientos que es preciso olvidar para no volverlos a ver nunca; conducta tanto más discreta cuanto que ese pueblo justo y generoso se complace en su deber y ama naturalmente honraros, y que los más fogosos en sostener sus derechos son los más inclinados a respetar los vuestros.

No debe sorprender que los jefes de una sociedad civil amen la gloria y la felicidad; mas ya es bastante para la tranquilidad de los hombres que aquellos que se consideran como magistrados o, más bien, como señores de una patria más santa y sublime, den pruebas de algún amor a la patria terrenal que los alimenta. ¡Qué dulce es para mí señalar en nuestro favor una excepción tan rara y colocar en el rango de nuestros ciudadanos más excelentes a esos celosos depositarios de los dogmas sagrados autorizados por las leyes, a esos venerables pastores de almas, cuya viva y suave elocuencia hace penetrar tanto mejor en los corazones las máximas del Evangelio, cuanto que ellos mismos empiezan por ponerlas en práctica. Todo el mundo sabe con cuánto éxito se cultiva en Ginebra el gran arte de la elocuencia sagrada. Pero harto habituados a oír predicar de un modo y ver practicar de otro, pocas gentes saben hasta qué punto reinan en nuestro cuerpo sacerdotal el espíritu del cristianismo, la santidad de las costumbres, la severidad consigo mismo y la dulzura con los demás. Tal vez le esté reservado a la ciudad de Ginebra presentar el ejemplo edificante de una unión tan perfecta en una sociedad de teólogos y de gentes de letras. Sobre su sabiduría y su moderación, sobre su celoso cuidado por la prosperidad del Estado fundamento en gran parte la esperanza de su eterna tranquilidad, y, sintiendo un placer mezclado de asombro y de respeto, observo cuánto horror manifiestan ante las máximas espantosas de esos hombres sagrados y bárbaros -de los cuales la Historia ofrece más de un ejemplo- que, para sostener los pretendidos derechos de Dios, es decir, sus propios intereses, eran tanto menos avaros de sangre humana cuanto más se envanecían de que la suya sería siempre respetada.

¿Podía olvidarme de esa encantadora mitad de la República que hace la felicidad de la otra y cuya dulzura y prudencia mantienen la paz y las buenas costumbres? Amables y virtuosas ciudadanas: el sino de vuestro sexo será siempre gobernar el nuestro. ¡Felices cuando vuestro casto poder, ejercido solamente en la unión conyugal, no se hace sentir más que para gloria del Estado y a favor del bienestar público! Así es como gobernaban las mujeres de Esparta, y así merecéis vosotras gobernar en Ginebra. ¿Qué hombre bárbaro podría resistir a la voz del honor y de la razón en boca de una tierna esposa? ¿Y quién no despreciaría un vano lujo viendo la sencillez y modestia de vuestra compostura, que parece ser, por el brillo que recibe de vosotras, la más favorable a la hermosura? A vosotras corresponde mantener vivo siempre, por vuestro amable o inocente imperio y vuestro espíritu insinuante, el amor de las leyes en el Estado y la concordia entre los ciudadanos; unir por medio de afortunados matrimonios las familias divididas, y, sobre todo, corregir con la persuasiva dulzura de vuestras lecciones y la gracia sencilla de vuestro trato las extravagancias que nuestros jóvenes aprenden en el extranjero, de donde, en lugar de tantas cosas que podrían aprovecharles, sólo traen consigo, con un tono pueril y ridículos aires aprendidos entre mujeres perdidas, la admiración de no sé qué grandezas, frívolo desquito de la servidumbre que no valdrá nunca tanto como la augusta libertad. Permaneced, pues, siempre las mismas: castas guardadoras de las costumbres y de los dulces vínculos de la paz, y continuad haciendo valer en toda ocasión los derechos del corazón y de la naturaleza en beneficio del deber y de la virtud.

Me envanezco de no ser desmentido por los resultados fundando en tales garantías la esperanza de la felicidad común de los ciudadanos y la gloria de la república. Confieso que, con todas esas ventajas, no brillará con ese resplandor con que se alucinan la mayor parte de los ojos, y cuya predilección pueril y funesta es el mayor y mortal enemigo de la felicidad y de la libertad. Que la juventud disoluta vaya a buscar en otras partes los placeres fáciles y los largos arrepentimientos; que las pretendidas personas de buen gusto admiren en otros lugares la grandeza de los palacios, la ostentación de los trenes, los soberbios ajuares, la pompa de los espectáculos y todos los refinamientos de la molicie y el lujo. En Ginebra sólo se hallarán hombres; sin embargo, este espectáculo también tiene su precio, y aquellos que lo busquen bien podrán parangonarse con los admiradores de esas otras cosas.

Dignaos, magníficos, muy honorables y soberanos señores, recibir todos con igual bondad el respetuoso testimonio del cuidado que me tomo por vuestra común prosperidad. Si fuese tan desgraciado que apareciera culpable de algún arrebato indiscreto en esta viva efusión de mi corazón, yo os suplico que lo disculpéis en gracia al tierno afecto de un verdadero patriota y al celo ardoroso y legítimo de un hombre que no aspira a mayor felicidad para sí que la de veros a todos dichosos.

Soy con el más profundo respeto, magníficos, muy honorables y soberanos señores, vuestro muy humilde y muy obediente servidor y conciudadano,

J. J. ROUSSEAU

EL MANIFIESTO DEL PARTIDO COMUNISTA

El Alumno leerá, la versión digital que publicó la universidad Autonoma de Ciudad Juarez, bajándola e imprimiéndola de la siguiente liga electrónica:

Htpp//vivir.uacj.mx/LibrosElectronicosLibres/Autores/CarlosMarx/
Manifiesto%20del%20Partido%20Comunista.pdf

NOTAS DEL AUTOR ACERCA DEL
MATERIAL ANTOLOGADO

Primera APOLOGIA: {Obras completas de Platón, por Patricio de Azcárate, tomo primero, Madrid 1871, páginas 49-86.}

El Proyecto Filosofía en español es propietario de la edición de todos los textos y documentos que ofrece (incluyendo la adaptación a formato digital o electrónico, así como su diseño específico), excepto que en una página en particular se exprese lo contrario, y autoriza su consulta, impresión y duplicación para usos particulares, docentes y de investigación. Para otros usos, incluidos los comerciales, deberán respetarse escrupulosamente tanto los potenciales derechos de autor como los derechos sobre el formato electrónico. En todo caso deberá citarse la procedencia Proyecto Filosofía en español ©2005 HYPERLINK "http://www.filosofia.org" www.filosofia.org

ANTIGONA: Esta adaptación está basada en la traducción hecha por Antonio González Garbín.. Juan Iniesta Impresor. Mendizábal, Madrid.1889, traducida directamente del griego de la edición primera fijada por Aldo Manuzio Imprenta Aldina Venecia 1502, así como en la versión distribuida por Free-eBooks.net.

POLITICA: htpp//www.filosofia.org/cla/ari/azcarate.htm
Obras de Aristóteles

DEDICATORIA A EL DISCURSO SOBRE EL ORIGEN DE LA DESIGUALDAD DE LOS HOMBRES: htpp://www.catedradh.unesco.unam.mx/seminarioCETis/Documentos/Doc_basicos/5_biblioteca_virtual/2_genero/5.pdf

NOTA DEL AUTOR:

Esta antología, está hecha expresamente para fines didácticos y académicos como material de lectura en la materia de Seminario de Cultura Jurídica.

Y los únicos Derechos que me reservo son los derivados del trabajo de elaborarla, y adaptarla para tales fines.

FIN